エピソードから楽しく学ぼう
子ども理解と支援

福﨑淳子 [編著]
岩田恵子・吉田亜矢 [著]

創成社

はじめに

　おとなはみな，子ども時代を生きてきました。おとなの誰もが子ども時代を体験しているのです。では，おとなはみな，子どものことを理解しているといえるでしょうか。もし理解しているとしたら，「どうして　そんなことをするの！」「いったい　いつまで泣いているの！」と子どもを叱るおとなの声など，この世には存在していないかもしれません。そうなのです。おとなの誰もが体験しているはずの子ども時代ですが，たとえ子ども時代を生きてきたとしても，子どもを理解することは，そう簡単なことではないのです。みなさんは，いかがでしょうか。

　本書は，子どもの気持ちをどのように理解したらよいか，子どもの心の世界に近づくためにどのようなことが必要なのか，子どもについての理解を深めながら，その「理解」が子どもや保護者への「援助や支援」にどのようにつながっていくのか，さらには，有効な手段や方法としてどのようなことが考えられるのかについて学び，子ども理解と支援のあり方の思索を深めていくことをめざして編集されました。そのため，保育者・教育者を志す方のテキストとなることはもちろん，日々子どもと向かい合っている保育者や教師の方，そして，保育や子育て支援に関心を持っている方にとっても，その学びを深めるための一助になると考えています。

　本書の構成は，9章から成り立っていますが，第Ⅰ部『「子ども理解」について学ぼう』と第Ⅱ部『「子どもや保護者への支援」について学ぼう』の2部にわかれています。第Ⅰ部の1章から6章では，子ども観や発達的な視点，理解の方法，子どもの心の世界など，「子ども理解」について学びます。その学びを土台に，第Ⅱ部の7章から9章において，支援の意義や専門機関・専門家との連携・協働のあり方，保護者との信頼関係の築き方など，「子どもや保護

者への支援」のあり方について学びます。

　また，各章とも，読者とともに学び合う思いを込めて，「学ぼう」「考えよう」「みつめてみよう」「築こう」という問いかけからはじまっています。そして，その学びを深めていくために，エピソードをたくさん取り上げています。それぞれの章を担当する執筆者が，みずから体験した心揺さぶられたエピソードや観察などを通して魅せられたエピソード，考えさせられたエピソードなどが織り込まれています。そのエピソードを通して，読者の方一人ひとりが，具体的に子どもの姿を思い描いてくださることを願っています。

　今や，急速に進んだ少子化や核家族化という社会変化の中で，育児不安に悩む親の増加はもちろん，子育ての孤立感やその負担感も増しています。児童虐待問題も深刻化し，子どものSOSがおとなに届かないまま悲しい事件に至るという報道は後を絶ちません。こうした背景の中で，教育職員免許法の一部改正（2000年）に伴い，「幼児理解の理論及び方法と教育相談（カウンセリングに関する基礎的な知識を含む）の理論及び方法」が，幼稚園教諭に必要な学習内容として位置づけられました。そして，保育者の専門性を活かした保護者支援も含め，保育現場における支援の必要性が，保育者にはより強く求められるようになっています。このように，「子ども理解と支援」は，時代の要請の中で求められる重要な科目ともいえますが，子どもを理解することは，こうした要請にかかわらず保育や教育の出発点です。

　子どもの内なる世界を探り，さまざまな解釈のあり方を学びながら，保育者として，教育者としての支援のあり方や保育・教育相談の基礎的知識を深め，子どもの内面を理解する知識や考え方を，本書を通して培ってくださることを願っています。

　2015年5月

福﨑淳子

目　次

はじめに

第Ⅰ部　「子ども理解」について学ぼう

第1章　子ども理解にむけて ── 3
　第1節　子どもを理解するために ……………………… 4
　第2節　子どもの心にふれるとき ……………………… 8

第2章　子ども観を考えよう ── 17
　第1節　子ども観とは何か ……………………………18
　第2節　子ども観はどのようにつくられるか ……………21
　第3節　子ども観と保育 ………………………………30

第3章　子ども理解と発達について学ぼう ── 39
　第1節　発達をどうとらえるか ………………………40
　第2節　「個」からとらえる発達 ………………………46
　第3節　「関係」からとらえる発達 ……………………53

第4章　子ども理解の方法について学ぼう ── 63
　第1節　見　る ………………………………………64
　第2節　関わる ………………………………………69
　第3節　ふりかえる …………………………………72
　第4節　語りあう ……………………………………75
　第5節　子どもを理解するための「道具」……………78

第5章 子どもの内なる世界をみつめてみよう ── 85
- 第1節 子どもの心についての理解 …………………………86
- 第2節 子どもの心の世界を見つめる ………………………97
- 第3節 子どもの表現する世界を見つめる ………………… 105

第6章 子ども理解と保育について学ぼう ── 117
- 第1節 保育という場の中で ………………………………… 118
- 第2節 理解者としての保育者 ……………………………… 126

第Ⅱ部 「子どもや保護者への支援」について学ぼう

第7章 保護者への支援について学ぼう ── 143
- 第1節 保育者による保護者への支援および子育て支援の意義… 144
- 第2節 他の専門機関や専門家との連携および協働 ………… 149
- 第3節 主要な専門諸機関 …………………………………… 152
- 第4節 園で出会うエピソードから ………………………… 158

第8章 子どもと保護者の理解を深め,信頼関係を築こう ── 169
- 第1節 子どもや保護者を理解する ………………………… 170
- 第2節 保護者との信頼関係の形成のために ……………… 173
- 第3節 園における相談支援 ………………………………… 177
- 第4節 園で出会うエピソードから ………………………… 180

第9章 特に配慮の必要な子どもや保護者の支援について学ぼう ── 191
- 第1節 発達の気になる子どもとその保護者への支援 ……… 192
- 第2節 養育に課題を抱える子どもとその保護者の支援 …… 194
- 第3節 園で出会うエピソードから ………………………… 200

索　引 211

本書における言葉のひらがな・漢字などの表記については，それぞれの章を担当した執筆者の思いが込められている言葉や専門の立場からの表記の仕方があり，統一されていない部分もあります。しかし，それぞれの思いを重んじることも「子ども理解と支援」という書であるからこそ，大切にしたいと考えました。その思いを，読者の方にもくみ取っていただけることを願っております。

　さらに，第Ⅰ部は，東京未来大学通信教育課程のテキストとして大学内において編集された原稿をもとに，新たな視点もふまえながら，加筆・修正を施したものであることをお断りしておきます。

第Ⅰ部
「子ども理解」について学ぼう

第1章
子ども理解にむけて

本章のねらい

　子ども理解にむけて，どのような視点から子どもをみつめていくことが必要であるかについて考えることは，とても重要なことです。
　本章では，具体的なエピソードをもとに，子どもが今何を思い，何を願っているのかについて考えながら，子どもの生きる世界を感じとる感性の礎を築いてほしいと考えています。その礎こそ，子どもをみつめるための大切な視点につながります。まず，子どもを理解するための出発点として，その土台を築くために，以下の視点から学んでいきましょう。

① **子ども理解にむけて，大切な視点について学びましょう。**
　　子どもを理解するために，どんな視点を持つことが大切であるかについて考えながら，学びましょう。
② **子どもの心の世界について，考えてみましょう。**
　　子どもの思いや願いの中に，どんな世界が潜んでいるのでしょうか。その心の世界にそっとふれるような思いで，考えてみましょう。

　また，本章ではもうひとつ，考えてもらいたいことがあります。それは，今，みなさんが，子どもについてどんな印象を持っているか，ということです。子どもについて抱く今の印象を，是非，書きとめておいてください。そして，抱かれたその印象が，本章の学びを通して，子どもへの熱い思いとして，さらにふくらんでいくことを願っています。

第1節　子どもを理解するために

(1)「子ども」と記す意味

　まず，本書のタイトルを思い出してください。タイトルは，「エピソードから楽しく学ぼう　子ども理解と支援」です。保育や教育を考えると，乳幼児，児童という時期を思い浮かべる方もいらっしゃるかもしれません。

　乳幼児は，誕生後から小学校入学前までの6年間くらいの子どもをさしており，小学校時代は児童といわれています。本書では，胎児も含めた広い視野からの子ども時代について考えていきたいと思います。そこで，「子ども」という表現で進めていきます。もちろん，乳児期や幼児期について説明するときには乳児，幼児，児童期について説明するときには児童，という言葉を用いることもあるかもしれません。しかし，そのときにも「子ども理解」という視点があることを忘れないでほしいと思います。「子ども理解」という視点を持って，読み進めてください。

　そして，その子どもを理解するスタートラインとして，考えておきたいことがあります。「子ども」という表記についてです。みなさんは，いつもどのように書いていますか。

　「子ども」と書いている人もいるでしょう。また，漢字で「子供」と書く人，あるいはすべてひらがなで「こども」と書いている人もいるでしょう。本書では，「子ども」と表記しています。ここにも，執筆者の思いがあります。どんな思いでしょうか。

　まず，「子」についてですが，「子」は諸説があります。例えば，子は，「子，丑，寅・・・」という十二支のねずみにも用いられ，小さなものを表す意味でも用いられていますが，母親のお腹の中にいる胎児をあらわす象形文字ともいわれています。これは，まさに，母親と子のつながりを表しているといえます。そのことを大切にしたいと考えました。次に「ども」ですが，なぜ，ひらがなにしているのでしょうか。漢字の「供」について考えてみましょう。「供」には，

「物を供える」という意味や「身分の高い人に付き従う，へりくだった気持ちをあらわす」意味，さらに「複数であることをあらわす」意味があります（広辞苑，岩波書店，第六版）。この意味を考えたとき，「子供」という漢字の表記には，「お供え物」や「おとなに付き従う子」あるいは，「ひとまとめにとらえた集団としての子」を連想させます。子どもは，お供え物でも付き従うだけの存在でもありません。さらに，十把一絡げの子ではなく，一人ひとりの子の存在価値を大切にしたいと願っています。

そこで，「子ども」と表記したいと考えました。どの表記も誤りではありませんが，本書では，「子ども」と表記していることに，ひとつの子どもへの思いが託されているということを，伝えておきたいと思います。

言葉の表記には，漢字・ひらがな・カタカナのさまざまな表記があります。どの表記が正しいか正しくないかということではなく，どのように表記するかを通して，その書き手の持っている思いを大切にすることが，重要なことではないかと考えています。

（2）子ども理解への視点

では，子ども理解にむけて，1年生の男の子が「いのうえさん」と題して書いた次の詩[1]から，考えていきましょう。

　　　　　　　　いのうえさん

　　　ひとのこころがうつるかがみがあったら
　　　ぼくが，いのうえさんがすきなことが
　　　わかってしまう
　　　こまるなあ
　　　いわおくんもすきやったら　どうしよう

この男の子がいっているように，確かに心の中は見えません。もし，心がう

つる鏡があったら，大変かもしれません。そんな鏡がないから，いいのかもしれません。でも，ほんとうに心の中は目には見えません。心，それは内なる世界です。しかし，見えない内なる世界を見つめることこそ，子ども理解にとってとても重要なことなのです。

　もう一度，「いのうえさん」の詩を読み返してください。

　この男の子は，「いわおくんもすきやったら　どうしよう」といっています。いわおくんの心は見えないのですが，「もしかしたら，いわおくんもいのうえさんのことがすきかもしれない」という推測をしているのです。つまり，いわおくんの心の中を，覗いているともいえます。しかし，目には見えませんので，ほんとうにそうであるかどうかの確信は得られません。でも，いわおくんの様子から，もしかしたらという思いを，この男の子は感じているのかもしれません。さらに，男の子がいのうえさんに好意を寄せていることを，いわおくんは知らないのではないかと思っているからこそ，「こころがうつるかがみがあったら」といっているということも考えられます。

　私たちは，この男の子のように，他者の気持ちを考えてみたり，推測してみたりすることを，日常的によくやっていませんか。おそらく，多くの方が，「やってる」と応えてくださるように思います。では，なぜ，それができるのでしょうか。それは，人間には「心」というものが存在していることを，私たちが知っているからです。そして，自分と同じような「心」を他者が持っているということを認識しているからなのです。

　みなさんも，友だちの心をうつす鏡は持っていなくとも，友だちの気持ちがわかるときがありませんか。「うれしそうだ」「楽しそうだ」「淋しそうだ」「悲しそうだ」というように。それは，他者の「心」にふれ，他者の気持ちを推し量っているからこそできることなのです。

　では，その根拠になるものは，何でしょう。考えられることのひとつとして，普段の様子と比べたときとは違う様子をよみとっている，ということがあげられます。そこには，普段の相手の様子を理解する視点と，その友だちの気持ちをくみとる視点があります。それは，友だちへの理解にむけて，あなたの心が

動いていることでもあるのです。

　では，どうやって友だちの気持ちをくみとっているのでしょう。そこには，友だちという他者の視点に立って考えているあなたがいるのです。今，あなたが友だちの気持ちを感じとったとしたら，それは，あなたの気持ちではなく，他者の心の中に存在する気持ちを感じとったことになるのです。これは，まさに，他者の視点に立って感じとったことであり，子ども理解にとっても大切な視点のひとつです。

　さきほどの詩を読んだみなさんは，「こまるなあ」といった男の子の気持ちをどのように感じられたでしょうか。男の子の気持ちを考えてみること，それも，他者の視点に立って考えてみることのひとつです。

　この他者の視点に立つという考え方については，第5章の「子どもの内なる世界をみつめてみよう」において，このような視点に関連する理論を含め，さらに詳しく説明することにいたしましょう。

　しかし，本書の幕開けともいえる第1章で，ひとつだけしっかりと押さえておいてほしいことがあります。それは，先ほど述べた「他者の視点に立つ」ということです。子どもを理解するためには，子どもを見つめる視点が重要な意味を持っています。それは，子どもという他者の視点に立つことなのです。子どもの視点に立って，子どもの行為の意味を，「なぜだろう」「どうしてだろう」と考えてみることがとても大切なのです。

　例えば，電車の中で泣いているあかちゃんがいたとき，あなたはどのように感じますか。「うるさい」と感じる人もいるでしょう。「かわいそうに」と感じる人もいるでしょう。そして，「どうしたのだろう」と考える人もいるでしょう。理解するためには，「どうしたのだろう」と，相手の視点に立って考えてみることが大切です。「うるさい」と感じる人は，自分の視点から迷惑であると判断し，その行為そのものを拒否しているのです。そこには，泣いているあかちゃんの立場に立ち，そのあかちゃんの気持ちを思う心がありません。「かわいそうに」と感じる人は，あかちゃんの身になってその気持ちをともに感じとっているといえるでしょう。しかし，もう一歩踏みこみ，「どうしたのだろ

う」と考え，その気持ちを生み出している背景を考えることこそ，子ども理解につながることなのです。

　子どもを理解するためには，他者の視点，すなわち子どもの視点に立ち，「なぜだろう」「どうしてだろう」と，子どもの立場に立って考えてみることが，大切な視点なのです。そして，この他者の視点に立って考えてみることは，心をうつす鏡を持っていなくても，他者の心にふれ，他者の心が見えてくる大切な手がかりにもなるはずです。

第2節　子どもの心にふれるとき

(1) 子どもの小さな願いから

　次に，3歳児の女の子のエピソード[2]を紹介したいと思います。

　みなさんは，この女の子のことをどのように考えるでしょうか。そして，この女の子の心にふれるとき，どのようなことを思い描かれ，感じられるでしょうか。

> **エピソード1　小さな願い**
>
> 　ある保育園の3歳児クラスにエリちゃんという女の子がいました。エリちゃんには，とても若いお父さんがおり，このお父さんがひとりでエリちゃんを育てています。エリちゃんは，とても活発で，リーダー格としていろいろな遊びにも積極的に参加しています。そんなエリちゃんに，どうしてもほしいものがありました。3歳児の女の子がほしがるもの，それはいったい何でしょうか。みなさんは，なんだと思いますか。
>
> 　実は，エリちゃんは，新しいパンツがほしいのです。「エリもかわいいパンツがほしいなあ」と，担任の先生になげかけます。保育者は，エリちゃんにいいます。「ほしいってパパに言えばいいんだよ。パパの子どもなんだから，言っていいんだよ」と。しかし，エリちゃんは，そのたびに「いいんだもーん」と首を振りました。
>
> 　若いお父さんは日夜エリちゃんのために，朝早くから働き，夜はくたく

たになって帰ってきます。洗濯する時間もあまりなく，買い物などにはなかなか行けません。また，若いお父さんにとっては，子どもの物とはいっても下着売り場にいくことには多少の抵抗感もあるようです。そのため，エリちゃんは，1枚のパンツを裏表にして数日間はいています。保育園の先生は，「パンツを買ってあげてほしい」と何度かお父さんに頼みましたが，「わかってる！」といって，なかなか実現しません。保育者もあまりいい過ぎてもいけないと思い，しばらく様子をみていました。

そんなある日のこと，保育園の帰り道，エリちゃんは，お父さんの車の助手席に座り，カバンからノート（園と保護者の連絡帳）を取り出しました。そのノートをぱらぱらとめくりながら，お父さんに話しかけました。「ねえ，パパっ。先生がねっ，エリちゃんに，パンツを買ってあげなさいって，書いてあるよ」，そうエリちゃんはいいました。お父さんは，「またか」とうんざりした顔を見せたのですが，その後，エリちゃんの開いているページをちらっと見て，はっと震えました。なぜ，震えたのでしょうか。

エリちゃんの開いたページには，何も書いていなかったのです。3歳児のエリちゃんは，白紙のページを見ながら，まるでそこに字があるかのように，「パンツを買ってあげなさいって…」，とお父さんに読んで聞かせるようにいったのです。

翌日，お父さんは，登園するなり保育者にいいました。「先生っ，オレ，もう，参ったすよ」と。そして，昨日のことを話しました。お父さんの話しを聞き，保育者は，そんなエリちゃんをぎゅっと抱きしめて，いいました。「えらかったね。すごいことだよ。ずっと前からいいたかったんだもんね」と。エリちゃんは，にこにこ笑っていました。

これを契機に，エリちゃんは，気持ちをお父さんにどんどんぶつけていけるようになりました。お父さんも，エリちゃんの気持ちに応えようと少しずつ努力するようになりました。そして，「格好悪くて行けないすよ」といって，スーパーの下着売り場に行くことをあれほど嫌がっていたお父さんも，エリちゃんを連れて行くようになったのです。

エリちゃんは，なぜ，ノートの白紙のページを見ながら，あたかもそこに先生からの伝言が書いてあるかのように読むまねをしたのでしょうか。

　書いていないことを書いてあるといったエリちゃんは，うそをついたともいえます。みなさんは，そんなエリちゃんを，「うそをつく子」といって，叱りますか。エリちゃんの気持ちを考えてみましょう。

　「エリもかわいいパンツがほしいなあ」という願い。おとなにとっては，なんと小さな願いかと思われるかもしれません。しかし，そこには日常的な保育の生活文脈の中でかわされる何気ない子ども同士のやりとりが，その願いを深くしている場合も予想できます。

　例えば，保育園や幼稚園では，よく女の子同士スカートをまくり上げてパンツを見せ合い，「おんなしだもんねー」といっている姿を見ることがあります。同じキャラクターの絵が描かれていることを得意になって見せ合っているのです。そんなときのエリちゃんの気持ちを想像してみてください。おそらく，エリちゃんも一緒になってパンツを見せたいと思ったことがあるでしょう。でも，それができないエリちゃんがいたかもしれません。「いいんだもーん」と首をふるエリちゃんの笑顔の裏にある気持ちを考えてみてください。

　子ども同士が，共通のものを見せ合って楽しんでいる姿，このような光景は，園生活の中ではたくさんあることです。その仲間の中に入っていくことを避けるエリちゃんの思い。それを思うとき，「パンツがほしい」という小さな願いが，どれほど大きな願いであるかを考えてほしいと思うのです。

　そして，どんなにパンツがほしいと思っても，真っ正面からお父さんに「パンツを買ってほしい」とせがむことのできなかったエリちゃんがいます。わずか3歳です。なぜいえなかったのかを考えるとき，忙しいお父さんを思う気持ちがエリちゃんの心の中にあることがわかります。ほしいけれど，無理強いできない，でもなんとか伝えたい，その気持ちが，白紙を読むエリちゃんを生みだしたのです。自分がいっているのではなく，先生からのお願いなのだという状況を作ることで，自分の思いを伝えたのです。そんなエリちゃんの気持ちがお父さんに伝わったのでしょう。お父さんは叱ることなく，「まいった！」と

感じたのです。
　ここには，互いに他者の気持ちを思いやる心が存在しています。忙しいお父さんの立場に立ってがまんし続けたエリちゃん。真っ白なページを見ながら読むまねをしてまで伝えたかった，わが子の思いをくみとるお父さん。そして，ぎゅっと抱きしめた保育者。それぞれの中に息づく他者の視点に立って思う気持ち。それは，心にふれるときに感じる人への深い思いやりだといえないでしょうか。この幼いエリちゃんの心にふれて，みなさんは，何を感じたでしょうか。
　3年後のエリちゃんが卒園するときのお父さんのあいさつの中に，「人間として成長させてもらった」という言葉があったそうです。
　子どもの心にふれるとき，私たちおとなもまた，大切なことを子どもから学んでいるのです。そして，小さな子どもの中にも確実に育っている人を思う気持ちがあるということを，忘れないでほしいと願っています。このような気持ちがいつ頃育つのかについては，後の章でじっくりと学んでいきましょう。

(2) かよい合う信頼の感覚

　さて，エリちゃんのエピソードに登場した保育者の姿を，みなさんは，どのようにとらえたでしょうか。
　保育者は，子どもの気持ちをとらえるだけでなく，保護者の気持ちも考えていかなければなりません。子どもの代弁者となることも必要ですし，保護者の気持ちを考えることも大切です。どのように，子どもの気持ちを伝えていくか，そこには，子ども理解の大切な姿があります。子ども自身の気持ちだけではなく，子どもが保護者に対してどのような思いを持っているかも大切にしなければならないのです。
　エリちゃんの保育者は，エリちゃんの気持ちを考えて，何度かお父さんにパンツを買ってあげてほしいとお願いをしました。しかし，耳を傾けてはもらえませんでした。無理にいい続けることは，お父さんの気持ちを逆なですることにもなります。エリちゃんからいえるように，と願いながら待っていたのです。この「待つ」ことも，保育においてはとても大切なことです。願いをこめて，

様子をみながら待ってみる。しかし，その間，保育者が何もしていなかったわけではないはずです。エリちゃんの気持ちを支え，エリちゃんみずからがいえるようにと願うこと，その思いが叶ったのでしょう。ぎゅっと抱きしめた保育者の中には，白紙を読んだことをうそとするのではなく，「えらかったね。すごいことだよ」と，それを肯定し誉め称える保育者の姿があります。どのような形であっても，自分の思いを伝えたエリちゃんへの賞賛が，そこには満ちあふれています。

　もし，このとき，お父さんも保育者も，何も書いていないではないかとエリちゃんを責めたら，どうなったでしょうか。おそらく，エリちゃんは，二度とパンツを買ってほしいとはいわなくなったでしょう。そして，パンツだけのことではなく，固く心を閉ざし，お父さんに心を開くことはなかったかもしれません。

　エリちゃんの「白紙を読む」という行為は，お父さんの心と保育者の心をもつなげ，ふたりの心が響きあった瞬間かもしれません。そこには，エリちゃんの心の世界を共有し，共感する姿があります。他者の視点に立ち，子どもの心にふれるとき，そこには，共感する心が響きわたっているのです。

　子ども理解にむけて，子ども一人ひとりが持つ思いや願い，感じ方を大切にしようとする姿勢は，とても重要なことです。子どもの心の揺れや動きに寄り添いながら，子どもが何を思い，何を願っているのか，子どもの生きる世界を共有し，共感できることが大切なのです。

　ここで，もうひとつ，ご紹介したいエピソード[3]があります。それは，私が，参加観察のために幼稚園へ通っていたときに目にした，忘れられない光景のひとつです。

> **エピソード 2** そっと手を握る

　5歳児クラスの男児ふたりが，ホールで凄まじい取っ組みあいのケンカをしていました。様子をみていた保育者も，ここまでと思ったのでしょう，止めに入りました。しかし，ケンカはなかなか収まりません。大声で泣き叫びながら足でけ飛ばしあう男児ふたり。ようやく少し落ち着き，保育者に諭されているふたりの場所から少し離れたところに，3歳児クラスのひとりの女児が立ちすくんでいました。あまりに凄まじい年長児のケンカを目にし，動けなくなったのではないかと思われます。

　私（筆者）が近づこうかどうしようかと考えていたそのとき，ひとりの保育者が女児の傍らに止まり，女児の右手をそっと握りました。その瞬間，女児の肩から緊張が解きほぐされていきました。解きほぐされていくその瞬間を，私は目にしたのです。

　その後，女児と保育者は顔を見あわせ，保育者がほほえみながら静かに首を縦にふると，女児もうなずき返し，保育者から離れていきました。保育者も，解きほぐされた女児の背中を黙って見送りながら，その場を離れていきました。

　この女児と保育者の姿から，みなさんは，どのようなことを感じられるでしょうか。

　5歳男児の凄まじいケンカは，3歳女児にとって，恐怖に近いものがあったのだと思います。動けなくなってしまった子どもの気持ちを考えたとき，私たちは，思わず声をかけたくなってしまいませんか。しかし，このときの保育者は，「どうしたの」と肩を叩いたり，「大丈夫」と言葉をかけたりするのではなく，ただ黙って女児の傍らに立ち，その手をそっと握ったのです。女児にとって，何よりもの安心感がそのとき生まれたのでしょう。立ちすくみながら，背中で訴えていた女児の緊張感は，その瞬間，解きほぐされていったのです。緊張感が解きほぐされていく瞬間，それは，魔法のようでした。固く盛り上がっていた小さな肩から，すっと力が抜けていくその瞬間を，私は今でも忘れるこ

とができません。子どもの心を身体で受けとめ，言葉を超えて，子どもの世界にともに身をおく保育者の姿が，そこにあったのです。

　この日の保育が終わった後に，この光景を目にした感動を，私は保育者に伝えました。すると，保育者からは「ああー，あれですか。気がついたら手を握っていただけですよ」という，簡単な返事が返ってきました。この保育者には，とりたてて特別なことをしたという意識はなく，ごく自然の流れの中でなされたごくごく普通の行為でしかなかったのです。しかし，この返事を受けて，私の感動は，さらに深くなりました。子どもが発信している心の揺れを無意識のうちに受けとめ，自然に身体が子どもの世界に引き寄せられていく保育者の姿だったのです。

　保育という世界には，このような保育者と子どもの心の交流が，何気ない日常的な保育の生活文脈の中で繰り広げられているのです。そのことの深さを思うとき，その一つひとつに，子どもを思い，子どもの視点で見つめる保育者の温かなまなざしがあることを感じます。

　子どもと世界を共有しうることのできる関わりについて，津守真は，次のように述べています。「浅いところでかかわるときには，大人の側の枠から一方的に子どもを評価しがちである。そのときには子どもの心の深みにある願いや悩みにまで保育者のアンテナが届かない。保育のなかに子どもと大人の両方にかよい合う信頼の感覚を保育者が体験するときには，子どもと共有されている心の深い部分でのかかわりがある。それは，生命性とか，宇宙性とか，心の深層とかいろいろのことばで表現しうるだろう。心の深いところでかかわりたいと願っていると，ただちにそれが可能になるのが，子どもとのかかわりである」[4]。

　子どもと共有されている心の深い部分での関わり，その関わりがあったからこそ，ぎゅっとエリちゃんを抱きしめた保育者がいたのでしょう。そっと女児の右手を握った保育者がいたのでしょう。そして，そこには，「かよい合う信頼の感覚」[5]を体験している保育者がいます。

　津守は「深いところでかかわれるようにと願って子どものかたわらにいる

と，通りすがりに見ているときとは違ったものが見えてくる。このことを保育の実際の場でしばしば経験してきた」[6)]とも，述べています。深いところで関わるという津守の言葉の中には，子どもとていねいにむかい合うことの大切さが意味されていると，私は考えています。

ときに，おとなの枠から離れ，子どもの世界と深く関わりたいと願うその思いを，純粋に持ちえているかどうか，ていねいに子どもとむかい合う自分がいるかどうか，わが身に，今一度問いかけてみることが必要かもしれません。

さて，本章のねらいのところで記したことを思い出してください。そこには，「今，みなさんが，子どもについてどんな印象を持っているか」と問いかけました。本章に入る前に抱いた子どもについての印象はどのようなことでしたか。そして，本章を読み終えて，何か新たな子どもへの思いがふくらんだでしょうか。子どもを理解するとは，どういうことなのか，ぼんやりと何かが見えてきたでしょうか。もし，子どもへのぼんやりとした何か，それが，子どもについて学びたいという熱い思いとしてこみあげてきた何かであるとしたなら，それは，子ども理解にむけての土台が築きあげられはじめているといえるでしょう。

―――――――――――― 引用文献 ――――――――――――
1） 鹿島和夫編『一年一組　せんせいあのね』（第65刷）理論社，1989年，84頁。
2） 福﨑淳子「保育の過程」柴崎正行編『保育方法の探究』建帛社，2011年，23-24頁。
3） 福﨑淳子「乳幼児のことばの発達をどう理解するか」柴崎・戸田・秋田編『保育内容　言葉』ミネルヴァ書房，2010年，43頁。
4） 津守　真『保育者の地平』ミネルヴァ書房，1997年，211頁。
5） 同上，211頁。
6） 同上，210頁。

・・・・・・・・・・・・・・・・・ 参考文献 ・・・・・・・・・・・・・・・・・

大場幸夫『こどもの傍らに在ることの意味』萌文書林，2007年。
福島大学付属幼稚園・大宮勇雄・白石昌子・原野明子『子どもの心が見えてきた』ひとなる書房，2011年。

第2章
子ども観を考えよう

本章のねらい

　子ども観という耳慣れない言葉がテーマとなっている第2章ですが，実は子ども観はみなさん自身がすでに持っているものです。子どもについて学んでいくプロセスで「子どもはそういうことするわ，私もそうだった」「えっ子どもでもこんなことするんだ」といろいろな子どもについての思いを抱いていると思いますが，その子どもについての思い，子どもについて考えていることが子ども観と呼ばれるものです。この子ども観によって，子どもにどう関わるか，保育のあり方が異なってくることも視野に入れながら，本章では以下の視点から学んでいきましょう

① **子ども観とは何かについて学びましょう**

　子ども観とはどのようなもので，どのように私たちが子どもと接するときに関わってくるのかを考えてみましょう。

② **子ども観はどのようにつくられるかを学びましょう**

　子ども観が，個々人によっても，文化によっても，歴史によっても異なるかたちでつくられることについて学びましょう。

③ **子ども観と保育について学びましょう**

　みなさん自身が抱く子ども観と，その子ども観に基づくと，どのような保育をしようと思うかを考えてみましょう。

第 1 節　子ども観とは何か

（1）子ども観

　子ども観とは，子どもという存在をどのようにとらえているかということを指す言葉です。児童観，児童発達観とよばれることもあります。この子ども観をここで考えるのは，子ども観によって，すなわち子どもがどういう存在であるかをどのようにとらえているかによって，保育という営みはまったく異なったものになっていくからです。

　例えば，電車の中で，まだ車窓に背の届かない子どもが，窓の外の景色が見たいと泣きながら近くにいるおとなにうったえていたら，あなたはどのように思いますか。電車や飛行機の中などの公共の狭い場所で，子どもが大きな声をあげたり泣いたりする様子は雑誌や新聞の投書欄などでも話題になっていますし，実際に見かけることもあると思います。

　そのようなとき「元気な子だな」「好奇心いっぱいな子だな」と思う人もいれば，「我慢できない子どもだな」「わがままな子だな」と思う人もいるでしょう。夜や夕方遅い時間であれば「疲れているから，思いどおりにならなくて泣いているのだな」と思ったり，背の高さなどから判断して「まだ小さいから仕方ない」と思うかもしれません。

　このように何気なく出会ったできごとにおける子どもの様子から，ある子どもについて抱く思いは，子ども観と関係しています。すなわち，あなたが「子どもはこういうものだ」と思っている大きな枠組みが，偶然出会った特定の場面での子どもの理解と深く関わっているのです。

　そして，このような子ども観はさまざまな事柄が含まれています。「元気」「好奇心いっぱい」と思うとき，子どもを生き生きとした魅力的で自由な存在として見守る思いが強い人でしょう。また「我慢できない」「わがまま」と思うときは，子どもにもきちんと場にあった行動ができるようにという気持ちがその人の子ども観に含まれています。またこのようにふるまう子どもを見て近

くにいるおとなに注目し「親がしっかりしていないからだ」と思う人は，子どもの近くにいる人は親であると考え，そして，子どものしつけを親がするべきものとして，親にちゃんとしつけられているかというような観点で子どもを見ていることになります。また「まだ小さいから」と思った人は，子どもの年齢にあわせてある場面でのふさわしいふるまいがある，年齢にあわせて許容されることがある，と思っていることになります。子ども観についての，この「年齢」すなわち発達にかかわる部分は，第3章でさらにくわしく見ていくことにします。

　さて，このようにさまざまなことが含まれている子ども観は，そのままみなさんが子どもにどう関わるか，ということにもつながっています。「元気」「好奇心いっぱい」と思うとき，その子どもの特徴がどのように活かされるか，もし周りの人の迷惑になっているときには，その場でふさわしい行為を子どもの特徴を活かしながら，すなわち迷惑にならないように，どのようにその好奇心を満たしてあげられるかを考えることになります。抱っこして窓の外をみせてあげたり，その子が興味を抱くようなものを見せてお話ししてあげたりできるかもしれません。また「我慢できない」「わがまま」と思うときには，「ちゃんと静かにしていなさい」と注意することになるでしょう。このように，子どもをどのようにとらえるか，という子ども観によって，子どもへの対応が変わってくるのです。そのため，保育にたずさわろうとする人にとって，みずからの子ども観を明らかにし，自分がどのように子どもと接していくかを考えていくことはとても重要なことになります。

（2）子ども観の構造

　電車の中で泣いている子どもについて思い浮かべながら述べてきたように，同じ場で同じ子どもを見ても，同じような感想をみんなが抱いているわけではありません。それぞれが異なる子ども観を持っているからです。この個々人の抱く子ども観がどのような構造を持っているかを小嶋秀夫は図2－1のようにまとめています。この図は子どもとやりとりをするおとなの内面に注目したも

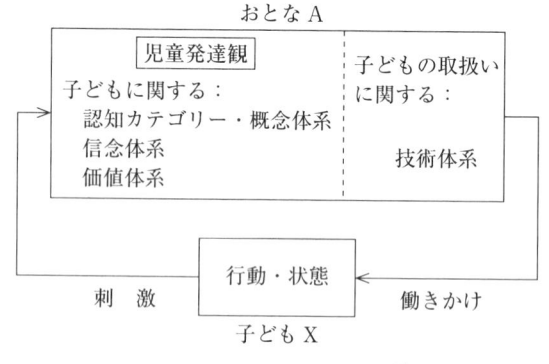

図2-1 子ども観の構造[1]

のです。

　子どもXとやりとりを持っているおとなAの内面のプロセスの中で，子ども観（小嶋は児童発達観と呼んでいますが，ここでは子ども観と統一して記すことにします）と関係しているものがあがっています。

　子どもXは時間の経過の中でさまざまな行動や状態を示します。子どもXが示すそのような行動や状態の中にあるものにおとなAが注意を向けたとき，子どもXの行動や状態はおとなAに対する刺激となります。刺激というのは少しわかりにくいかもしれませんが，子どもXについて考えるきっかけとなるわけです。そしてそのきっかけから，おとなAはみずからが持っている子どもについての認知カテゴリー・概念体系を用いて現象をきりとり認識します。そして，認知カテゴリーや概念体系とともに，信念体系や価値体系，そして子どもにどう対応するかということに関する技術体系とも結びついて，相互に関連しながら，おとなXの内部過程が方向づけられ，子どもへの働きかけをかたちづくっていきます。

　認知カテゴリーや概念体系を用いて現象をきりとって認識するというとなんだか難しく聞こえますが，さきほどの電車の中での子どもの様子を見たときにも働いているプロセスです。つまり，「この子はわがままだ」「この子は好奇心いっぱいだ」などのようにとらえることは，みなさんが持っている子どもに関

する認知カテゴリーとその背後にある概念体系が深く関わっています。このようなとらえかたは，みなさんが育ってきた過程で身につけてきたものでもあり，みなさんの育った文化に影響されたものでもあり，またこれから接する子どもたちによって変わっていくものでもあります。

またこの認知カテゴリーや概念体系とともに，信念体系や価値体系も働くという図になっています。信念体系が「児童観の中軸をなすものである」と小嶋は述べています。「こんなことをしたけれど，この子もこうすれば可能性がある」「こうすれば，もっとよい子どもになるかもしれない」というように，子どもの性質や，子どもの発達や学習がどのようになされるかということ，環境の与える影響や，子どもの育て方とその結果についての期待などが，信念体系には含まれています。さらに，価値体系は，「こういう子どもになってほしい」という発達と教育の目標や理想像，子どもに期待することなどが含まれています。

このように子ども観は，ひとの内部に無意識のうちに存在しており，実際の子どもとのやりとりの中でさらにある思いが強くなったり，変わったりして変容していきます。そして，その子ども観は，子どもたちとやりとりするとき，どのように関わるかに大きく関係しているのです。

第2節　子ども観はどのようにつくられるか

(1) 子ども観はどのようにつくられるか

では，このように子どもと関わるときに大きな要因となる子ども観は，どのようにつくられるものでしょうか。さきほど子ども観の構造を見てきたときにも少し述べたように，今ある子ども観は一度作られたら変わらないものではなく，その後の経験によって変容しうるものです。また，子ども観は，誰でもどこでも共通のものばかりではなく，文化によって歴史によって大きな影響をうけていますし，個々人によっても異なるものです。そのことを小嶋が示しているのが図2-2になります。この図にあるような，子ども観が，文化によって

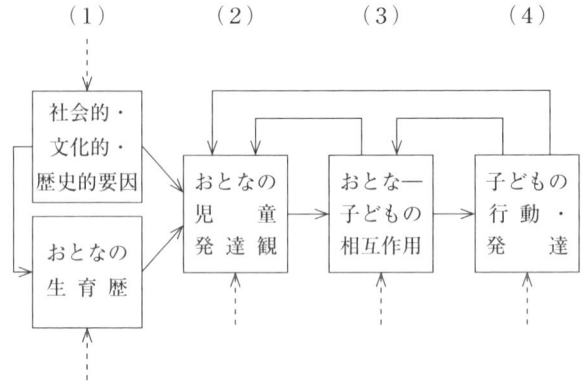

(矢印は影響の方向性を示し,点線は他の要因の存在を示す。)
図2-2 子ども観に関する諸要因の相互規定関係[2]

異なる様子,歴史によって異なる様子を少し見てみることにしましょう。

(2) 歴史によってかわる子ども観　ヨーロッパ

　フランスの社会史家であったアリエス (Ariès, P., 1914-1984) は,ヨーロッパの中世から18世紀にわたる絵や墓碑銘,日誌,書簡を分析することによって,「子ども」という概念が昔から当然のようにあったのではなく,社会的に構成された概念であることを指摘しました。現代の私たちの多くは,子どもと聞くとかわいらしいもの,まだ幼いものとしてとらえる傾向があります。そうした「未熟」「純真無垢」な存在であるために,かわいがる対象としてみなし,保護の対象としてとらえる気持ちがどこかにあります。そういう意識や感情は,ずっと昔の人びとから存在するものではなく,17世紀から18世紀にかけて,まず上流階級から発生し,19世紀半ば以降に階層に関わらず共有されるものとなっていったことが「＜子供＞の誕生　アンシャンレジーム期の子供と家族生活」という1960年に出版された著書において分析されています。

　例えば,当時描かれていた絵画を分析すると「ほぼ十七世紀までの中世芸術では,子供は認められていず,子供を描くことが試みられたこともなかった。

だが中世芸術における子供の不在は器用さが欠けたため，あるいは力量不足のゆえであるとは考えられていない。それよりはむしろ，この世界のなかに子供期にとっての場所があたえられていなかったと考えるべきであろう。」[3]と述べられています。また，子どもの服装に関しても「幼児は産衣をはずされると，つまり幼児の身体に巻きつけられていた帯状の布をはずされるとすぐに，自分の属する身分の他の男性や女性と同じ服を着せられていた」「服装のうえで大人から子供を区別するものはなにもなかった」状態でした。けれども「十七世紀になると，貴族であれブルジョアであれ，少なくとも上流階級の子供は，おとなと同じ服装はさせられていない」状態となり，「子供の時期に特有の服装があらわれ，それは大人の衣服とは区別」[4]されるようになっていくのです。

　また，みなさんは母親が子育てをすることはあたりまえと思うかもしれません。けれども，アリエスの分析によれば，母親が子育てに関心を持つようになったのは近代になってからだということです。ヨーロッパの中世社会では，幼児は神の意志で生まれ，神の意志で死ぬものであり，仮に生後まもなく死んだとしても，おとなの同情や哀れみの対象ではなかったとしています。例えば，5人の小さい子どもの母親である産婦の不安を鎮めようと，隣に住む身分の高い女性が「あの子たちにたくさん手がかかるようになる前に，半分か，もしかしたら全部の子を亡くしておしまいになるかもしれませんわ」[5]と今の私たちからするとなんとも奇妙な慰めの言葉をかけています。16世紀ルネサンス期のフランスを代表する哲学者であるモンテーニュ (Montaigne, M. E., 1533-1592) はモラリスト，人間を洞察しそれを記述する人として名高いのですが，その彼ですら「私はまだ乳飲み児であった子どもを二，三人亡くした。痛恨の思いがなかったわけではないが，不満は感じなかった」[6]と述べています。子どもの死亡率があまりにも高かったゆえとはいえ，亡くなった子どもの数があいまいな様子から子どもについての見方が現代とはずいぶん異なることが見てとれます。

　貴族階級では7〜8歳の子どもは「小さな大人」としておとなびた服装や礼儀作法をすでに求められたこと，労働者階級では7歳頃から子どもがおとなに混じって働くことも珍しくなかったことなども述べられています。

このようにアリエスの著書では，現代の私たちが「子ども」と思いイメージするような対象は中世には存在せず，したがって「子ども」として扱われてもいなかったことが述べられています。16世紀後半までは，今の私たちも考えるような純真で天真爛漫な「子ども」像は一般的でなく，子育てが母親のみの役割というわけでもなかったようです。

　現在では，アリエスがとりあげ検討した資料の偏りなどが指摘され，中世にも子どもの場があったということも指摘されています。けれども，子ども，おとな，青年，老人，など私たちがあたりまえとみなしている年齢段階の区切りにともなう概念，それにともなう子どもに対しての気持ちや行為，そしてそれらを含んだ子ども観が，歴史的に見れば社会的状況にあわせて大きく変化していくことを念頭においておくことは，とても重要であると思います。

（3）歴史によってかわる子ども観　日本

　では，日本での子ども観はどのようなものだったのでしょうか。子どもの歴史について書かれた本から，子どもの死がどのように扱われていたかということに注目して見てみることによって，日本での子ども観を見てみたいと思います。

　縄文時代のお墓を見てみると，すでにおとなと幼児では死の扱われ方が異なっていました。おとなは埋葬される場所が決まっており，土葬によって葬られました。一方，幼児は甕(かめ)に入れられて，おとなの墓地とは異なる場所に葬られているそうです。さらに，葬るときにおさめられている甕は底を打ち欠いていたり穴があけられていたりしました。森山茂樹・中江和恵はそれを「幼児は死んでもまたこの世に生まれ変わると考えていたから」おとなとは異なる墓地にはおさめず，「甕を母体に見立て」「母の胎内にもどすという感情があった」[7)]のではないかと推測しています。縄文時代から，幼児の死の多くはおとなとは異なって扱われており，そこから，子ども時代がおとなとは異なる時期としてうけとめられていたことが推測できます。

　ではアリエスが分析した中世では，日本の子どもたちはどのような存在だっ

たのでしょうか。今日に比べて，ヨーロッパと同じく日本の中世の子どもの死亡率も格段に高かったそうです。「江戸時代後半において，二～五歳の幼児の死亡率が二〇～二五パーセントになることは珍しくなく，生まれてから一年以内の乳児死亡を考慮すると，総じて出生児十人のうち，六歳を迎えることができるのは七人以下，一六歳まで生存できるのは五，六人でしかない，という報告がある。また，同様に死産率については，一〇～一五パーセントぐらいではないかと推測される」[8]といいます。人口増加率や出生順，男女比による乳児の死亡率，さらにさまざまな資料から見て間引きが行われたことが推測されたり，子どもが捨てられたり売買された資料も見出されています。では，子どもはそのような存在，いつ死んでもおかしくない存在として，適当に扱われていたかというとそうでもありません。実際に育てる子どもに対してはかわいがっていた様子をうかがうこともできます。例えば，アヤツコという外出するときの魔除けのおまじないがあったり，子ども用のおまもりがあったり，子どもたちの健やかな成長が願われている様子が残されています。「七歳までは神のうち」という言葉も，子どもの生の不安定さを，いつ神によばれるかもしれないが，また戻ってくるかもしれない存在として，受け容れようとするものなのかもしれません。

　さらに現代に近づいて，幕末から明治初期にかけて来日した欧米人が，日本人の様子を自分たちの様子と比べた記述を残しています。その記録の多くに，「日本は子どもの天国である」という表現が登場し，さらに「子どもが愛され，かわいがられて育ち，おとなしく礼儀正しいという感想」[9]という記述も共通であるようです。

　このように見てくると，日本の子どもたちもまた生存の厳しい歴史社会的条件のもとで生きていました。そして，それに接する親たちもまた厳しい社会的条件に直面し，間引き，子捨てのような事態もある一方，育てる子どもを大切に扱ってきた様子を伺うことができます。

（4）文化によってかわる子ども観

　原ひろ子の「子どもの文化人類学」という本では，カナダの北西部で，狩猟生活をしているヘヤー・インディアンの人々と1961年から1963年にかけてのべ11カ月一緒に暮らした経験，インドネシアのジャカルタに住むイスラム教徒ジャカルタ・アスリの人びとを1967年から1969年にかけて調査した経験などから，それぞれの文化で生きる子どもたちの様子を生き生きと描き出しています。調査年をきちんと記したのは，その年にも意味があるからです。おそらく，それぞれの人びとの暮らしは，このフィールドワークがなされた時期がみなさんが生まれる前のことでもあり，現在では変化している部分もあると思います。けれども，文化が異なれば子ども観が異なること，そしてそれによっておとなの子どもに対する対応が異なることが，原ひろ子さんという窓を通して見ることができる貴重な記録ですので，いくつかのエピソードを見てみようと思います。

　まず，下記にあげるのは，ヘヤー・インディアンとともに暮らしていらしたときのできごと[10]です。

　ある日こんなことがありました。
　丸木小屋のかたわらのひと気のないところで，四歳四ヶ月の女の子が小さい斧をふりあげて，丸い丸太を割ろうとしているのです。
　思わず私は，親かだれか子守りしている人がいるのかどうかと見まわしました。つぎの瞬間，「危ないッ」と叫びそうになりました。しかし，ハッと思い直し，じっと見守ることにしました。
　そして，もうそのときには，斧はふりおろされ，丸太は見事に二つに割れていました。その子どもは，割れた木片を薪の山のあるところまで運んで積み重ね，ふたたび，小さい丸太をとり出してきて，二つに割ろうとするのです。もうそのころには，見ている私の心も落ち着き，感嘆の思いにひたりながら，その子の動作を見つめることができるようになっていました。

いかがですか。最初の場面では，つい一緒に「あぶない」と止めたくなりますね。でもここでの筆者は，思い直して見守っています。すると子どもはみごとに丸太を割っています。このようにヘヤー・インディアンのおとなは，子どもがナイフや斧を扱っていても，日本の私たちのようにすぐにあぶないととめたりナイフに手が届かないように取り上げたりせずに見守っています。

ロゴフ（Rogoff, B.）の「文化的営みとしての発達」という本の最初[11]にも，コンゴ民主共和国のエフェの人びとの間では，あかちゃんたちが日ごろから安全に鉈を使っていることが紹介され，生後11カ月のあかちゃんが鉈で上手に果物を割っている写真がのっています。

これらの文化のおとなたちは，言葉で危ないと教えるよりも，まずは子ども自身がやってみることを見守るという姿勢のようです。もちろん，いよいよ危ないときはとりあげたりも，他に気持ちをそらせたりもするそうですが，基本的には子どもが小さいときから自分でナイフを使いこなすようにすることを重視しているように見えたそうです。そして，ナイフ，斧，のこぎり，と次第に親しみ，エピソードとしてとりあげた場面のように薪わりという生活の役にたつ作業に従事したり，カヌーの模型をつくったり，ウサギをとるわなを仕掛けたりします。ヘヤー・インディアンの子どもたちと日本の子どもたちは，ナイフや斧の扱いをめぐってまわりの人びとの異なる見方に囲まれて，それぞれの文化にあわせたちからを身に付けていくように見えます。

ヘヤー・インディアンの子どもたちが生活にかかわることはなんでも早くできるかといえば，そうではなく，川や湖で泳ぐことは，水の中に怪物がいるといって禁止されており，泳げるひとはいないといったことも見られます。

このように刃物を上手に使うこと，決して泳がないことというようなさまざまな事柄を身につけていくプロセスをどのようにとらえているかを尋ねたときのことも下記のように述べられています[12]。

> 　おとなの使う斧を上手にふりおろしながら，丸太をこまかいたきぎ用に割っている六歳の子どもにむかって，「どうやってそれをおぼえたの？」ときくと，彼女は「自分でやっているのよ」と答えました。私のへんなヘヤー語が通じなかったのかもしれないと思って，そのあたりにいる兄や姉や年上のいとこたちに，「だれが斧の使い方をあの子に見せたの？」と聞いて見ると，「あの子が一人で遊んでいるんだよ」と答えられてしまいました。
> 　こういう質問をくり返すと同時に，彼らの生活をつぶさに観察していますと次のようなことがわかってきました。ヘヤー・インディアンの文化には，「教えてあげる」，「教えてもらう」，「だれだれから習う」，「だれだれから教わる」というような概念の体系がなく，各個人の主観からすれば，「自分で観察し，やってみて，自分で修正する」ことによって「〇〇をおぼえる」のです。

　このように子どもをどのように見る枠組みから，子どもにどのように接するかという行為も異なることがわかります。小嶋の図2-1を思い出してみてください。ヘヤーの人びとは，「自分でおぼえた」という信念体系・価値体系を持っているからこそ，子どもに「教える」という行為を行わない，見守るという行為になることになります。このことは，原が折鶴を折ったときのエピソードからもよくわかります。原がヘヤーのテントで，折鶴を折ったときに，10歳前後の子どもたちが興味を持ちました。そのときの会話を引用してみます[13]。

> 　「もう一つ折ってくれ」と何度も言うのです。何羽も折っているうちに，「紙をちょうだい」といって，自分で一生懸命に折り始めました。けっして「初めにどうするの？」などと聞いてきません。「もっとゆっくり折って」とも「これでいい？」ともいいません。「教えてよ」といわないのは

> もちろんです。いろいろやってみて，自分で，「これでできた」と思うときに，私のところに，見せに来るのです。そして私が，「この鶴は疲れてるみたい」とか，「これは遠くまでとびそうだ」とか「きれいね」とかいうのを楽しそうに聞いています。
>
> 　そして彼らは，「ヒロコが作ったので，自分も作った」と思っているのです。何羽も何羽も鶴を折ったあとで，子どもたちは「ほかに何か作れるか？」と聞いてきます。「こんどは違ったものを教えてよ」とは言いません。

　この体験を，原は自身がアメリカの中流階級でベビーシッターをしながら折り紙をしたときの体験と比べています。アメリカの子どもたちは彼女が2，3羽鶴を仕上げるか仕上げないうちに，「ぼくも鶴を折っていい？」「これはどうやって折るの？」と質問したそうです。さらには「次はどうすればいいの？」「もっとゆっくり折って」と自分のペースにあわせてくれるように頼む言葉も聞かれました。ヘヤーの子どもたちとは対照的です。さらに，「他のも教えてくれる？」という質問もとびだしたそうです。

　このように見てくると文化によりおとなの抱く子ども観は異なり，それにより，子どもの見守り方，子どもへの接し方もさまざまです。さらには，そのようなおとなに囲まれ，そのような文化で育つ子どもたちはまた，自分の行為にもその文化の特徴を織り込んでいくようにみえます。

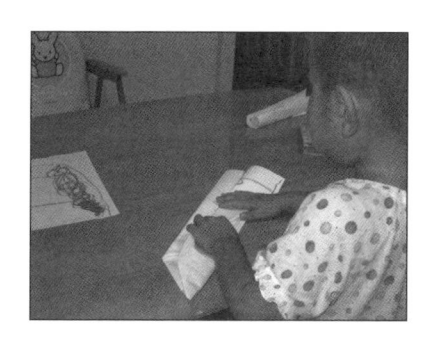

第3節　子ども観と保育

（1）どのような子ども観を抱くかと保育の行為

　歴史的にさかのぼった過去のおとなたちが子どもたちに抱く気持ちとそれにともなう行為，異なる文化におけるおとなたちと子どもたちとのやりとりを見ていく中で，どのような子ども観を抱くかということが，子どもに対する行為と深く結びついていることが少し具体的に見えてきたと思います。このように，子ども観と子どもへの接し方が密接に結びついているゆえに，保育にたずさわる人々にとって，どのような子ども観を抱いているかを考えることは，保育行為を考えていく上でとても重要なのです。

　そこで，この節では，保育に関わる子ども観について，村井実の論からまとめておきたいと思います。

① 粘土モデル―制作モデル

　このモデルは，子どもを教育するにあたって，粘土をこねて壺を作るように制作するという仕事をモデルに考えるものです。子どもを「粘土」のように他からの働きかけによって自在に形成されるものと見たときには，それをつくりあげていくのは，「制作」するおとなになります。そして子どもはおとなによって作られた「型」にはめこまれていく存在となります。

　村井によれば，このような考え方を最初にはっきりと表現した例はプラトン（Plato, 紀元前427年-紀元前347年）に見ることができ，有名な『国家論』という本の中で「教育は染つけである」といっているそうです。また，このような考え方は，行動主義で有名なワトソン（Watson, J. B., 1878-1958）の有名な言葉にも見られます。「私に，健康で，いいからだをした一ダースの赤ん坊と，彼らを育てるための私自身の特殊な世界を与えたまえ。そうすれば，私はでたらめにそのうちの一人をとり，その子を訓練して，私が選んだある専門家――医者，法律家，芸術家，大実業家，そうだ，乞食，泥棒にさえも――に，その子

の祖先の才能，嗜好，傾向，能力，職業がどうだろうと，きっとしてみせよう。」[14]　このように，最近であっても，子どもを粘土のように可塑的で，周囲がいかようにも作り上げられる存在として見る視線は現代にも息づいています。

このような子ども像においては，子どもは周囲の働きかけによって自在につくられてしまう存在となるわけですが，みなさんはどう思いますか。

② 植物モデル—成育モデル

粘土という比喩において，子どもはただ外からの働きかけをうける存在として描かれていました。そうではない性質をイメージするのにルソー (Rousseau, J. J., 1712-1778) は『エミール』という著書において，植物のモデルによって子ども，そして子どもを教育することを描き出しました。子どもは生きものであって，植物が種から芽をだし，生長していくように，みずから育つものであるので，無理にかたち作ってはいけないものであり，教育の仕事を，植物を栽培する農夫の仕事にたとえたのです。このルソーが描き出した子ども像，みずから成長する存在としての子ども観は，当時の人々に大きなショックを与え，「子どもの発見」ともよばれています。

けれども村井によれば，この子どもの発見は，本当に「人間」としての子どもの発見とよぶに値する性質のものではなかったと述べられています。「ルソーは，人間は自然のままで善いのであり，自分の力で成長するのだから，それをそのままに，自然にまかせて成長させるのがよいと主張した。だが，実際にはルソーのエミイルは，ルソーの慎重な監督指導の下で，ルソーが理想としていた市民—それをルソーは自然人と呼んだが—にまで作り上げられねばならなかった」[15]　と述べられています。つまり，子ども自身の力をみとめつつも，その性質を利用して，特定の目的のために外部からの力でつくる，ということになっているのです。子どもが「生きている」という見方をすることでは一歩前進したとはいえ，教育・保育のあり方としてはあまり変わっているとはいえないわけです。

③ 材料モデル―生産モデル

　次にあげる材料モデルは，植物モデルへの単なる反発ではなく，植物モデルも粘土モデルものみこむようなかたちで出現してきました。生産モデルでは，工場で，ある材料が入り，いろいろな処理をされて出てくるプロセスを思い浮かべてください。そのように工場で製品をつくるように子どもを見る子ども観から，国を支える人間をつくる場としての学校・教育体制がつくられたのです。そこには，成立しつつある近代国家が学校という組織に期待した役割があります。村井は次のように述べています。「学校は巨大な印刷工場組織だと言いましたが，それは，こうして，国家がインプットとして国民ひとりひとりのなかに入れたいと思った知識・技術が，いわば白紙としての子どもたちに印刷され，それによってみごとな製品としての国民がつくり出されてくる巨大な働き―その働きをまさに学校が遂行する役を負わされたという事情をさしているのです。」[16]

　さて，このような国家が要求するのは，まさに工場をイメージするとわかるように，入っていったものが，出てくるまでに，いかに効率よく必要なことを身につけているか，ということになります。人間がどんな存在でどのようにものごとを身につけるかをより科学的に知る必要が生まれてきます。

④ 動物モデル―飼育モデル

　そこで登場するのが，動物モデルです。植物モデルとして，生きている自分自身で成長していく存在として見出された子ども，そしてそのような子どもを材料モデルでみたように効率よく育てるにはという関心から，子どもの成長がどのようになされるのか，そのプロセスをより細かく具体的に知ることへと関心が広がりました。子どもの成長のプロセスが詳細にわかるほど，子どもを教えることが効率的にできるというわけです。このモデルがあらわれた時代は，19世紀の前半，近代国家が出現して義務教育制度を設け，学校で効率よく教育がなされるようになった時期でした。同時に，産業革命後，自然について，人間について，あらゆる現象について科学的に研究する試みがなされました。

それゆえに，動物をモデルとして，子どもの身体や心の働きや成長のプロセスを探ろうとする動物モデルの子ども観がうまれました。動物の，植物と異なる特徴は，みずからの感覚や意識，そして欲求があることです。植物モデルのときはその自発性にのみ注目されていましたが，動物モデルとなると自発性のみならず，欲求や知性の働き，経験や学習など多様な働きが説明されていくことになりました。

⑤ 人間モデル―援助モデル

以上のような歴史的な子ども観と教育観をふりかえりつつ，子どもが本当に自立的といえる成長や発達，そしてそういう子ども像を描くために，村井が提案しているのが，最後にあげる「人間」モデルです。それは「子ども自身が，どういう目的―『善さ』に向かって成長するかを，親によってにせよ，教師によってにせよ，社会の他の何かの権威によってにせよ，他によって決定されるのではなく，自分自身で，自分自身の力によって，探りかつ決定できるという，子ども像」[17]です。村井の1982年の著書ではまだ迷いつつ「共生」のモデル，「同行」のモデルともよばれており[18]，これらの言葉もまた，このモデルをイメージするには役立つように思います。

ルソーがいったように子どもは生まれついて善いのではなく，「善くなろう」としていることがこのモデルでは重要です。つまり「善い」と判断する人によってあらかじめ「善さ」が定められているのでは，結局はその善さにむかって子どもを作り上げることになってしまいます。そうではなく「善さ」は誰にも知られておらず，憧れの対象として探し求められている状態にあるのです。そのとき，子どもはみずからの成長にとっての善さを自分自身で決定しながら成長していくことになります。そして，そのような存在の子どもに対して，おとなはやはりみずからの善さをもとめつつ「援助」していくことになります。

これらのモデルは歴史的に見るとこの順番で現れてきているものの，さきほどあげたワトソンの例に見るように，前の時代の考え方があとの時代にも平行して残り，子ども観として息づいています。私たち自身がどのように子どもを

見て，どのように関わっていくのか，みずからの子ども観，保育観をよく考えるためのきっかけとして頂きたいと思っています。

（2）子どもの声に「聴き入ること」

　子どももおとなも「善さ」をもとめる保育のひとつのあり方をここではご紹介したいと思います。イタリア北部にあるレッジョ・エミリア市の保育について聞いたことはあるでしょうか。レッジョ・エミリアの保育は，1991年に『ニューズウィーク』で紹介されたことをきっかけに世界的に注目され，日本でも展覧会が開かれており，ご存知の方も多いかもしれません。「展覧会」での子どもたちの作品の素晴らしさや，その作品が生み出された実践の場である幼児学校に「アトリエリスタ」というアートの専門家がいるという情報から，美術教育に力を入れた幼児教育と誤解されていることもあります。確かに子どもたちの作品は本当に素晴らしいのですが，レッジョ・エミリアでの保育は決して芸術作品をつくることを目的としたものではありません。レッジョ・エミリアにおける保育が目指していることは，本当に子ども一人ひとりの可能性を大切にすることであり，子どもを市民として育てるという信念，幼児教育を基盤に街づくり・国づくりがあるという理念，「子ども観」が基盤となっています。

　2013年秋，私もわずかな期間でしたが，実際に訪れる機会を得たのですが，この「子ども観」と日常の保育の実際は密接につながっており，何より子ども一人ひとりの市民としての権利を保障することが大切にされていました。権利を保障するということは，それぞれの子どもの可能性，有能性，力強さを信じること，すなわち子どもをひとりの人間として尊重する態度でした。その態度のキーワードが「聴き入ること」です。

　子どもの声に聴き入るとはどのようなことでしょうか。子どもの声，言葉を丁寧に聞くことは日本でもよくいわれています。ただ，レッジョ・エミリアでの言葉は，いわゆる「言葉」だけではありません。現在のレッジョ・エミリアの保育を語る上で欠かせない人物であるローリス・マラグッツィは「子どもは百の言葉をもっている」と述べました。子どもたちは，世界と出会う中で，本

当にさまざまなかたちでモノと対話をします。例えば，レッジョ・エミリアで見せて頂いた映像の中に，ようやくひとりでお座りができるくらいの赤ちゃんが，窓辺に糸で吊るされたプリズムをとおした光が床に映っている様子に，じっと見入り手をのばして触れるシーンがありました。それもひとつの言葉です。保育者はそのような言葉，声にていねいに聴き入り，それに応えます。一緒に光に見入り，プリズムをゆり動かしたり，他のプリズムを重ねたりし，赤ちゃんはそこにさらに見入っていました。聴き入ることは単に受けとるのではなく，本当に丁寧に子どもがモノの変化やありように気づき考えようとしていることとコミュニケーションすることであるのです。

　このような親密なやりとりのあとで，子どもたちが気づいたことは，ドキュメンテーションという記録にまとめられます。ドキュメンテーションは文字だけではなく，写真も豊富に使われ，ひとまとまりの活動の後には，美しいデザインで保育室の壁に貼り出されたり，冊子としてまとめられることも多くあります。このドキュメンテーションを作るプロセスで，保育者，ペダゴジスタという教育の専門家，アトリエリスタは対話を重ね，子どもの声のさまざまな可能性，多様性に聴き入ります。それが次の保育，例えば光のおもしろさにもっと興味を抱くこと，光を通すプリズム以外のものに出会ったり，色を加えたり，さらには光とともに生まれる陰に出会ったり，とさまざまな次の保育の可能性を考えることになります。そして，このドキュメンテーションは保護者とも共有され，さらには，子どもたちとも共有するものともなります。

　このちょっとした保育の日常をふりかえるとき，お互いの声に聴き入ること，すなわち子どものモノとの関わり（これも対話です），子どもとの対話，おとな同士の対話が保育の営みであることが見えてきたように感じます。正しい答えに辿り着くことを求めるのではなく，ともに考えていく関係性，それが根底にあるのです。注目されがちな豊かな保育の環境（本当にさまざまなモノが豊かにありますし，特にアトリエはおとなでも何か作りたくなるわくわくする環境です）もこのお互いに聴き入る対話の営みの中から生まれてくるものとしてあることが見えてきました。

研修で訪れたローリス・マラグッツィ国際センターに隣接した幼児学校を見学していたときにも，本当にさまざまな対話がありました。巻貝，さまざまなかたち大きさの紙，太さの異なるペン，巻貝を見るためのルーペなどの道具がそろえられたテーブル。顕微鏡，いくつかの植物の茎。いずれも集まった子どもたちはモノと関わり，その上でスケッチなどであらわし，保育者もまた気づいたことを言葉にしたり，子どものスケッチの意味を問いかけたりしていました。

　日本に帰って改めて子どもたちの遊んでいる姿を見て，子どもたちの百の言葉に聴き入ろうとするとき，遊びの可能性が以前より広がって見えるように感じています。子どもの可能性を信じる子ども観から，子どもとともにする保育が生まれてくるように，私自身は考えています。

―――――――――― 引用文献 ――――――――――

1) 小嶋秀夫「児童発達観の研究」『教育心理学年報』第24集，1984年，123-136，123頁。
2) 小嶋秀夫「児童発達観の研究」『教育心理学年報』第24集，1984年，123-136，123頁。
3) フィリップ・アリエス，杉山光信・杉山恵美子訳『＜子供＞の誕生：アンシァン・レジーム期の子供と家族生活』みすず書房，1980年，3-5頁。
4) 同上，50-51頁。
5) 同上，40頁。
6) 同上，40頁。
7) 森山茂樹・中江和恵『日本子ども史』平凡社，2002年，48-49頁。
8) 斉藤研一『子どもの中世史』吉川弘文館，2003年，1頁。
9) 森山・中江，同上，222-223頁。
10) 原ひろこ『子どもの文化人類学』晶文社，1979年，10頁。
11) バーバラ・ロゴフ，當眞千賀子訳『文化的営みとしての発達　個人，世代，コミュニティ』新曜社，2006年，4頁。
12) 同上，180頁。
13) 同上，194-195頁。
14) ワトソン，J. B.，安田一郎訳『行動主義の心理学』河出書房新社，1980年，130頁。
15) 村井　実「子どもたちはどのようにして自己を形成していくのか」『発達』No.30，ミネルヴァ書房，1987年，21頁。
16) 村井　実『村井実著作集第二巻　教育の再興』小学館，1987年，87頁。

17) 村井　実「子どもたちはどのようにして自己を形成していくのか」『発達』No.30，ミネルヴァ書房，1987 年，25 頁。
18) 村井　実『子どもの再発見　続／新・教育学のすすめ』小学館，1982 年，148 頁。

・・・・・・・・・・・・・・・・・　参考文献　・・・・・・・・・・・・・・・・・

エドワーズ，C., ガンディーニ，L., フォアマン，G., 佐藤　学・森　眞理・塚田美紀『子どもたちの 100 の言葉　レッジョ・エミリアの幼児教育』世織書房，2001 年。
小嶋秀夫『心の育ちと文化』有斐閣，2001 年。
柴崎正行・安齋智子『歴史からみる日本の子育て　子育てと子育て支援のこれからを考えるために』フレーベル館，2005 年。
原ひろ子『子どもの文化人類学』晶文社，1979 年。
ポストマン，N., 小柴　一訳『子どもはもういない』新樹社，1985 年。
箕浦康子『文化のなかの子ども』東京大学出版会，1990 年。
森　眞理『レッジョ・エミリアからのおくりもの　子どもが真ん中にある乳幼児教育』フレーベル館，2013 年。

第3章
子ども理解と発達について学ぼう

本章のねらい

　子どもという存在をどのように見てとるかと保育における行為が深く結びついていることを第2章では学んできました。その際に、子どもの大きな特徴である「変化していく存在」であること、そしてその変化をどのようにとらえるかという問題については、第2章ではあまり触れませんでした。本章では、子どもが変化していくことをどのようにとらえるか、すなわち発達ということをどのようにとらえるかを中心に考えていきましょう。

① **発達とはどのようなものか学びましょう**

　「発達」という概念もまた、「子ども」という概念と同じように、歴史・文化によって異なり、個々人によって異なるものです。その発達という概念を「幼稚園教育要領」「保育所保育指針」ではどのように考えているかをみてみましょう。また保育の現場にいる保育者が発達という現象をどのようにとらえているかということについても考えてみましょう。

② **「個」からとらえる発達と「関係」からとらえる発達について学びましょう**

　ピアジェとヴィゴツキーというふたりの発達心理学者をとりあげ、発達心理学において、発達という概念がどのように考えられているかを考えていきます。発達という現象を考えるときに「個」を中心に考えていくか、「関係」を中心に考えていくか、ということは大きな問題です。発達をどのようにとらえることができるかで、見えてくる子どもの姿が変わってくることを、考えていきましょう。

第1節　発達をどうとらえるか

(1) 発達という概念

　発達とはどのような概念でしょうか。発達心理学の教科書を開いてみると，例えばこんな定義があります。「発達とは，個体の発生から死にいたるまでの人の一生（生涯）におけるさまざまな変化をさす。とくに，人間の発達においては心身の変化，とりわけ精神の変化に焦点があてられる」[1]。この定義を読んで，疑問を持った方もいるかもしれません。例えば「個体の発生から死にいたるまで」という部分にひっかかった方はいらっしゃいませんか。発達するのは子どもというイメージを持っていると，発達が「個体の発生から死に至るまで」と聞くとびっくりなさるかもしれません。

　心理学は扱う対象によってさまざまなものがあります。教育の問題を心理学的にみる教育心理学，社会の問題を心理学的にみる社会心理学，臨床の問題を心理学的にみる臨床心理学など，対象に心理学という言葉がつけくわえられて学問の名前を示しています。そして発達という現象を扱う心理学は「発達心理学」とよばれています。この名前は，新しい心理学という学問の中でもさらに比較的新しいもので，以前は「児童心理学」とよばれていることが多かった分野です。他に「青年心理学」という言い方もありました。少し前までは，研究の対象になる年齢を区切った心理学がそれぞれ存在していたのです。また「児童心理学」，「青年心理学」という言葉に表れているように，主としておとなになるまでの変化，すなわちおとなになることが目標にあってそれに近づいていくプロセスを扱うことが多い分野でした。つまり，おとなは変化しないもの，完成したものとしてイメージされ，一方で，子どもはその逆，つまり変化していくもの，未完成なものとして扱われていました。

　けれども，現在は年齢で対象を区切らず，生涯にわたる変化を考える分野として「発達心理学」は「生涯発達心理学」と呼ばれることも多くなってきています。この「児童心理学」から「発達心理学」，「生涯発達心理学」へという名

称の変化には，おとなもまた変化していく存在であるという考え方が主流になってきたこと，おとなもまた変化し葛藤を抱きつつ生きていくことが研究の対象になってきたこと，長寿化にともない老年期の研究がさかんになってきたことが関係しています。

また，発達を単に上向きに上昇していくこと，新しい何かのちからを身につけていくことといった進歩主義的な観点からとらえることの問題性の指摘もありました。もしある完成した存在であるおとなへ成長することがのぞましい発達であるとしたら，その筋道から離れた子ども，遅れた子どもなどを問題のある困った存在としてとらえかねません。そのような発達観ではなく，それぞれの育つプロセスを大切にしていくこと，失っていくことや後退していくこともまた発達としてとらえることも発達心理学では考えるようになってきています。このように広がりをみせている発達という概念をこの章では考えていきたいと思います。

(2)「幼稚園教育要領」にみる発達

「幼稚園教育要領」（平成20年改訂，平成21年施行）でも，発達という言葉は重要なものとして扱われ，例えば総則[2]では下記のように述べられています。

> 1　幼児は安定した情緒の下で自己を十分に発揮することにより発達に必要な体験を得ていくものであることを考慮して，幼児の主体的な活動を促し，幼児期にふさわしい生活が展開されるようにすること。
> 2　幼児の自発的な活動としての遊びは，心身の調和のとれた発達の基礎を培う重要な学習であることを考慮して，遊びをとおしての指導を中心として第2章に示すねらいが総合的に達成されるようにすること。
> 3　幼児の発達は，心身の諸側面が相互に関連し合い，多様な経過をたどって成し遂げられていくものであること，また，幼児の生活経験がそれぞれ異なることなどを考慮して，幼児一人一人の特性に応じ，発達の課題に即した指導を行うようにすること。

ゆっくりと読んでみると幼稚園教育要領における総則という大きな枠組みの3項目それぞれに「発達」という概念が深く関わっていることが見えてくると思います。

　まず，幼児が自分から主体的にはたらきかけることが，子どもにふさわしい生活であり，その中で，十分に自己を発揮することで発達していくことが述べられています。つまり，周囲が教えこむのではなく，子どもがみずから周りとのやりとりを通して育つものとして位置づけられているのです。さらに，次の項目では，心身の発達に重要なことは遊びを通した指導であることも述べられています。ここで，幼児の主体的な活動とは，遊びが中心であることがよみとれます。

　さらに，発達は大きな流れとしての共通性はあるものの，子ども一人ひとりに多様な経過があることにも触れられています。

　このようにとらえられている子どもの成長は自発的なものではあっても，勝手に生じるものではありません。そこには保育者のそれぞれの子どもに応じた「発達の課題」に即した指導が必要であることも述べられています。発達の課題とは，発達課題とは異なります。発達課題は，子どもの発達を暦による年齢で整理し，その年齢ごとに特有の特徴，そして達成すべき課題があるととらえることです。発達の課題は，それとは異なり，一人ひとりの子どもがそのとき直面している，取り組んでいるその子にとっての課題を指しています。もちろん，その年齢の子どもがどのような課題に取り組むかという目印として，また子どもの育つ大きな筋道として発達課題を知っていることは重要ですが，それよりも，まず目の前の子どもを理解することがより重要であることを述べているのが，ここでの「発達の課題」という言葉の意味になります。

(3)「保育所保育指針」にみる発達

　では，次に「保育所保育指針」（平成20年改訂，平成21年施行）における発達の概念をみてみましょう。保育所保育指針では，第2章が子どもの発達[3]となっており，その最初に下記のように述べられています。

第３章　子ども理解と発達について学ぼう ● *43*

> 　子どもは，様々な環境との相互作用により発達していく。すなわち，子どもの発達は，子どもがそれまでの体験を下にして，環境に働きかけ，環境との相互作用を通して，豊かな心情，意欲及び態度を身に付け，新たな能力を獲得していく過程である。特に大切なのは，人とのかかわりであり，愛情豊かで思慮深い大人による保護や世話などを通して，大人と子どもの相互の関わりが十分に行われることが重要である。この関係を起点として，次第に他の子どもとの間でも相互に働きかけ，関わりを深め，人への信頼感と自己の主体性を形成していくのである。
> 　これらのことを踏まえ，保育士等は，次に示す子どもの発達の特性や発達過程を理解し，発達及び生活の連続性に配慮して保育しなければならない。その際，保育士等は，子どもと生活や遊びを共にする中で，一人一人の子どもの心身の状態を把握しながら，その発達の援助を行うことが必要である。

　ここでもまた，子どもがみずから環境にはたらきかけ，あらたなちからを獲得していくプロセスとして発達が描かれています。そして，このような発達を支える保育者は，その多様な発達を理解することが重要であることも述べられています。

　保育所保育指針では，この文章のあと，０歳から６歳を８つの年齢区分にわけて，発達の過程が描かれています。その文章を表にしたものを表３－１として掲載します。

　幼稚園教育要領にみる発達で述べたように，あくまでもこの発達の過程はすべての子どもの基準ではありません。一人ひとりの子どもの成長するプロセスは異なりますが，プロセスにはあるおおまかな順序性と連続性があります。大まかな筋道として示されているこの発達過程を参考に，目の前の子どもたち一人ひとりの姿をとらえていくことが重要であるとされています。

表3-1 保育所保育指針にみる発達過程[4]

■発達過程区分ごとにみた育ち（発達）

	i	ii	iii	iv	v	vi	vii	viii
	おおむね6か月未満	おおむね6か月から1歳3か月	おおむね1歳3か月から2歳	おおむね2歳	おおむね3歳	おおむね4歳	おおむね5歳	おおむね6歳
C)発達過程区分・発達内容	・誕生後，環境の激変に適応し，体重や身長の増加などの著しい発達・首のすわり，寝返り，手足の動きが活発になる ・なん語などで表情の変化や体の動きの欲求があらわれる ・特定の大人との間に情緒的な絆を形成	・座る，はう，立つ，つたい歩きや腕や手先の動きの発達 ・自分の意思や欲求を身振りなどで伝えようとし，大人からの自分に向けられた気持ちや簡単な言葉を理解する ・特定の大人との情緒的な絆が深まる一方で，人見知りをするようになる	・歩きを始め，手を使う，押す，つまむ，めくるなどの運動機能の発達 ・指差し，身振り，片言などを盛んに使い，二語文を話し始める ・物のやり取りや見立てなどの象徴機能の発達	・歩く，走る，跳ぶなどの基本的な運動機能，指先の機能の発達 ・発声が明瞭となり，語いの著しい増加がみられる ・自我の育ちが見られ，強く自己主張する姿が見られる場合が多いが，象徴機能や観察力の発揮による，遊びの内容の発展性が見られ，予想や意図，期待を持って行動できるようになる	・基本的な運動機能が伸びる ・話し言葉の基礎ができ，盛んに質問するなど知的興味や関心が高まる ・友達との関わりが多くなるが，並行遊びを楽しむ	・全身のバランスをとる能力が発達，体の動きが巧みになる ・身近な環境に積極的に関わるようになり，目的を持って行動するようになり，結果を予測するようになるなどの葛藤や不安になるなどの葛藤を抱くようになる ・けんかが増えるが，決まりの大切さに気付き，守ろうとするようになる。少しずつ自分の気持ちを抑えられたり，我慢ができるようになってくる	・運動機能はますます伸びる ・言葉により共通のイメージを持って遊んだり，集団で行動することが増える ・遊びを発展させるために，自分なりに考えて判断したり，批判したり，認めたりといった社会生活に必要な基本的な力を身に付けていく	・全身運動が滑らかで巧みになり，快活に飛び回るようになる ・思考力や認識力も高まり，自然事象や社会事象，自然事象などへの興味や関心が深まる ・これまでの体験から，予想や見通しを立てる力が育ち，意欲が旺盛になる ・役割の分担が生まれるような共同遊びやごっこ遊びを行う ・様々な知識や経験をいかし，創意工夫を重ね，遊びを発展させる ・自立心が一層高まるが，身近な大人に甘えてくることもある
	・おむつが汚れたりすると泣く	・乳食事から幼児食への移行	・スプーンなどを使うようになる	・自分で衣類の着脱をしようとする	・食事，衣類の着脱などのほぼ自立	・食事，排泄，衣類の着脱などの基本的な生活習慣が身につきはじめる	・基本的な生活習慣が身につく	・基本的な生活習慣が確かなものとなる

表中の説明は告示文ならびに解説書から抜き書き（例示）したものである。表中（ ）内は筆者が捕捉したものである。

発達過程区分は，保育園での6年間を表のとおり，「i）おおむね6か月未満児」から「viii）おおむね6歳児」に分けているものです。それぞれの区分にみられる育ち（発達）を例示すれば，「発達過程区分・発達内容」の欄のようになります。くり返しになりますが，こうしたiからviiiまでの過程を，一人ひとりの子どもがそれぞれのペースで（速かったり遅かったり）進んでいくのです。クラスの子どもが全員同じ進み方をすることは，まずないでしょう。じっくりと一人ひとりの育ちの歩みを見つめていきましょう。

この育ち（発達）を果たすために，保育所では養護と教育とが一体となった保育を進めます。

（4）保育における発達

　前節で見たように，幼稚園教育要領においても，保育所保育指針においても，発達という概念が保育にあたって重要な位置づけであることを見てきました。その重要な概念である「発達」ですが，保育の場で保育者は「育ち」という言葉の方をよく使用しているという研究があります。浜口順子はその著書の中で，保育の場で1980年代から「育ち」という言葉をよく耳にするようになったこと，そして幼稚園教育要領・保育所保育指針が大幅に改訂された1990年前後から「育ち」という言葉を使用することが顕著に多くみられるようになることを述べています。

　そして，文献や保育者への質問紙調査から「育ち」と「発達」についての意味と構造を表3－2のように示しています。

表3－2　「育ち」とそのコントラストとしての「発達」の対比[5]

	「育ち」	（「育ち」のコントラストとしての）「発達」
語感	和語的やわらかさ 親しみやすさ	漢語的かたさ 科学的
時間性	過程の最中 淀みと突破	始点と終点の間 段階による区分 直線的流れ
関係性	主体―主体の関係 相互主観性 相互触発性	主体―客体の関係 対象の外在
契機（ファクター）	変わった，という感覚 全体的な安定性 共にいる居心地のよさ	課題の達成 目に見える能力

　語感からみると，「育ち」の方が親しみやすく使いやすいことが示されています。また，時間性の点からみると，発達にはある出発点から終点までの直線的な流れが想定されやすいのに比し，育ちは「子どもの成長過程に参加しているものが，『大きくなった』とか『近頃変わった』などの変化，差異を主観的

に感得・経験し，その都度その変化の意味を問うところのもの」[6]です。さらに，関係性の点をみると，育ちでは「育つものとそだてるものの相互の関係性があり，受動-能動的な関係を超越するかのような状況」[7]がありえます。さらに育ちという言葉によって，発達のような目にみえてなにかが「できる」行動を基準にするのではなく，人間存在全体としての安定性や，一緒にいて心地よい，などの関係的な現象をさすものとなっています。

育ちと対比させることによって見えてきた発達の直線的な，いわゆる「科学的」なイメージも念頭におきつつ，発達研究を見ながら，発達という概念もまた関係的な概念にかわりつつあることを見ていきたいと思います。

第2節 「個」からとらえる発達

(1) 発達の理論

ブルーナー (Bruner, J. S., 1916-) はその著書「可能世界の心理」の中で，文化としての発達理論ということを述べています[8]。発達の理論は，ひとたびその社会の支配的な文化に受け入れられると，単に人間の成長の記述としてだけ働くわけではありません発達を記述していたはずの理論が，逆に，発達の過程を社会的に実在するものとし，また発達を説明するような事実をも作り出すという趣旨のことを述べています。つまり，ある発達の考え方がある文化である程度受け入れられると，それによって，逆に発達の現象が見えてくる，その理論の枠組みによって発達がとらえられることになっていくのです。

中でも，発達を個人の能力の獲得としてとらえるのと，関係的な現象としてとらえるのとでは，子どもの発達の見方として大きく異なり，保育のありかたとしても異なります。そこでこの章の後半では，個からとらえる発達論の代表としてピアジェを，関係からとらえる発達論の代表としてヴィゴツキーをとりあげ，その発達の見方，とらえかたを詳しく見てみることにします

（2）ピアジェの研究方法

　ピアジェ（Piaget, J., 1896-1980）は，スイスに生まれた発生的認識論者です。発達心理学者とよばれていることも多くありますが，彼自身は，認識というものごとをとらえるはたらきがどのように生まれてくるかを生物学や心理学の手法を活かしながら科学的に説明する「発生的認識論」を提唱し，数多くの研究により子どもの世界を描き出しました。ピアジェは誰も知らなかった多くのリアリティを実験によって明瞭に示しました。「対象の永続性」，「保存」，「自己中心性」といった言葉は，そのような実験によって見えてきた子どもたちの思考の特徴を示すものです。それまでおとなからは見えなかった子どもがどのようにものごとをとらえているかという世界が見えるかたちになったのです。また，ピアジェは認識の起源を問うという視点から子どもを観察しました。ピアジェの「知能の誕生」という著書の最初には，下記のような観察[9]があります。

観察1　ジャクリーヌ，ルシアンヌ，ローラン——誕生後すぐからすでに空吸いが観察される。唇が衝動的に動いて，前に突き出たり，舌が移動したりする。同時に，腕が無秩序ではあるが多少リズミックに動き，頭は横にゆれる。自分の手が唇に触れると即座に吸啜反射がおこる。たとえば，一瞬のあいだ指を吸ったりする。しかし，もちろん，指を口の中にじっと入れておくことも，それを唇で追うこともできない。ルシアンヌは生後15分，ローランは生後30分ですでに自分の手を吸った。ルシアンヌの場合は，身体の位置の関係で手が静止したために10分以上も指を吸いつづけた。

　この観察から，あなたなら何をよみとることができますか。まずはちょっと考えてみてください。
　さて，なぜこのような観察が成り立ったと思いますか。ずいぶん細かく見ているのだな，自分だったらこんなに細かく見られない，という感想を聞くことがあります。また，生まれたばかりの自分のあかちゃんをこんなに冷静に観察

しているなんてすごいけれど，ちょっと怖いものを感じる，という感想を聞くこともあります。いずれにしても，かなり丁寧に細かな観察がなされています。でもただ細かい描写をするだけでは，発達のメカニズムは見えてきません。次にあげるピアジェ自身の説明[10]を読んでみてください。

> ルシアンヌはどうして生後わずか15分で自分の指を10分も吸ったのだろうか。へその緒が切られてからわずかしかたっていないのだから空腹のためだと考えることはできない。また，手が唇に触れたのだから確かに外界からの刺激はあったのだが，そうだとしても，手を吸ったのではただ反射を行ったという以外に何らの結果ももたらさないのだから，興奮が10分も持続したという事実は，その外的刺激によっても説明できない。そこで，初歩的メカニズムの段階からすでに，反射の動きには一種の循環反応が伴っていて，その行使そのものによって反射の活動水準が高まっていくのではないかと考えられる。

このエピソードから，ピアジェが観察から理論を組み立てていくプロセスについて松本博雄[11]を参考にしながら考えていきたいと思います。

ピアジェは，知能とはひとつの適応と考えていました。そしてそれは，外界との交渉で徐々に組織化され成り立っていくものと考え，外界との適応過程の起源として「生得的反射」を想定していました。そのように思いあかちゃんを見つめたとき，指を吸うということが，長く続いている場面と出会ったのがこの観察記録です。指を吸った最初は反射ですが，それが続いたこと，しかも10分も，というのは，外界との接触による反射ではありません。そこで最初は偶然に生じた反射ですが，次の反射を生み出す自己運動としての循環過程を想定せざるをえないこととなり，ピアジェの「循環反応」という概念が成立していきました。

このように，ピアジェの研究スタイルは，観察から理論を立ち上げるものでした。「観察」という手法は生物学でも用いられます。ピアジェは10歳で生物

学の研究の専門誌に掲載される論文を書くほど早熟で，しかも生物学の基礎を学んでいました。観察した事実にもとづき論を組み立てていくスタイルの基礎があったのです。そして，それまで哲学で考えられてきた認識論と異なり，観察をもとに子どもの認識はどのように成り立っていくのかという「問い」を立証しようとしたのです。

　目には見えない心理的構造の発生を，目に見えるものから説明するのは難しい作業です。ただ，ありのままを細かく見て記述しても，説明するのは困難です。そこでピアジェがとったスタンスは，みずからの視点を自覚し準備することでした。「知能の誕生」における詳細な観察から理論への構築は，「発生的認識論」の体系から子どもをとらえる理論的な枠組みを事前に構築し，それにもとづく強固な観察の視点を自覚したうえで観察に臨んだ結果です。生後直後に指を吸い続ける子どもがいたとして，そのことをどう説明できるのか，ということをしつこく考えていくことが，この「循環反応」というアイディアが生まれてくる基盤となりました。

　ピアジェは，発達を，内的な成熟だけで成り立つものとも，外的な働きかけだけで成り立つものとも考えていませんでした。成熟と同時に経験・学習することが発達の主な要因であると考えていました。ピアジェは相互作用論者，子どもは環境と相互作用することを通して，未分化で組織化されない構造を，より分化し，より体制化された認知構造へとつくりあげていく存在として，主体的に環境に関わる「子ども」としてとらえていたのです。

（3）ピアジェの発達段階

　では，ピアジェは，発達ということをどのように説明したのでしょうか。ピアジェは，発達とは「シェマ」というものごとをとらえる枠組みの変化と多様化であり，ある「シェマ」が構成されると，そのシェマによる一連の行為がまとまって「できるようになる」こととしてとらえていました。そして，発達はどのように生じるかということについては「同化と調節によって次々と均衡状態を作り出し実現していく過程」と説明しています。同化とは，シェマにあう

かたちで環境から情報をとりいれる過程，調節とはとりいれた情報とシェマのずれが生じたとき，とりこみやすいかたちにシェマ自体を変えることです。つまり，外界の刺激をシェマに次々に同化していって，同化しきれない認知的葛藤が生ずると，シェマを調節して刺激を同化し均衡状態を作り出す，というプロセスをくりかえすことにより，認知の枠組みが変化していくことが発達になるわけです。

　ピアジェはこのように発達というプロセスを考え，その順序の枠組みを大きく4つの発達段階として整理しています。

感覚運動期（0～2歳）
　0～2歳のこの時期を描くにあたっては，さきほど詳しく見たピアジェ自身の3人の子どもの観察が大きな役割をはたしていました。
　あかちゃんは自分自身の感覚，そして運動的活動を通して，自分のまわりのものにみずからはたらきかけます。そしてそのはたらきかけから情報をとりいれ，世界を知っていくのです。
　この時期に注目される現象に，物の永続性の獲得があります。物の永続性とは，物が自分の視野から消えてもやはりそこにあるということが理解できることを指しています。私たちおとなにとってはあまりにあたりまえのことですが，あかちゃんにとっては，そうではないようです。
　例えば，生後6カ月のあかちゃんが興味を示して手を伸ばしているオモチャにタオルをかけて隠してしまうと，あかちゃんはどうするでしょうか。身近に赤ちゃんがいらしたら，ぜひためしてみてください。6カ月くらいのあかちゃんは，自分が今まさに手を伸ばそうとしていたオモチャであっても，タオルで隠されて見えなくなると，手を伸ばすのをやめ，視線もそこから離れてしまいます。まるで，見えないものは存在しないかのようで，ピアジェ自身も，対象が見えなくなってしまうと，もうそこには存在していないと，あかちゃんがとらえているからだと説明しています。
　もう少し大きくなると，こんなことはなくなり，もちろん手を伸ばしてタオ

ルを取り除き，オモチャをとろうとします。こんな不思議な現象も，ピアジェはあかちゃんに見えている世界がどのようなものかという視点からの観察によって見出しています。

前操作期（2〜6，7歳）

　この時期はちょうど幼稚園に通う時期と重なります。言葉も使えるようになるので，「いま，ここ」にないことをイメージしたり，象徴的なことを考えたりできるようになります。例えば「ふり」や「みたて」をして遊んでいる様子を思い浮かべることができるでしょう。けれども，まだ論理的に考える時期ではありません。ピアジェはそのことを，いくつかの特徴的な課題を用いて明らかにしていきました。表3-3でその課題がまとめられているので参照してください。

　例えば，三つ山課題を用いて，子どもがものごとを自分の視点からのみとらえて，他の人からの視点ではとらえられないとしました。三つ山課題とは図3-1のような課題で，4〜5歳の子どもは自分の位置から見えている景色の写真を選ぶことはできるのですが，自分とは反対側にいる人の視点からの景色の写真を正しく選ぶことが難しかったのです。このように，他者の視点をとることが困難なこの時期の性質を自己中心性とよびました。自己中心性は，わがままや利己主義という意味ではなく，自分の見方・視点から逃れることができず，他者が自分とは異なる視点を持っていることが理解できないことをさしています。

　そして，このように自己の視点にとらわれていること，保存の概念が未成立であることが，この時期の大きな特徴とされています。保存とは，知覚的な特徴（見た目）が変化しても，数量や重さなどの対象の本質的な特徴は変化しないことです。表3-3を参照してください。

　ピアジェの描く子どもの認識の発達プロセスは，このあと，保存課題が具体物を動かすことができる状況ならば可能な具体的操作期（6，7〜11，12歳），さらには，頭の中で抽象的な思考が可能になる形式的操作期（11，12歳〜）と続いていきます。

表3-3 ピアジェ課題にみる子どもの思考の特徴[12]

ピアジェの課題		直観的思考段階	具体的操作段階
液量の保存		子どもはA, Bの容器に等量の液体が入っていることを認める。それからBをCに移しかえると液面の高さに惑わされCのほうを「たくさんだ」とこたえたり容器の太さに惑わされCのほうが「少しになった」とこたえる。	子どもはA, Bの容器に等量の液体が入っていることを認める。それからBをCに移しかえると液面の高さはかわるが、CにはAと等しい量の液体が入っていることを理解する。
数の保存		子どもは2つの列の長さや密度のちがいに惑わされて、ならべ方しだいで数が多くも少なくもなると判断する。	子どもは、2つの列は長さと密度が異なるが、ともに同じ数であることを理解する。
物理量と重さの保存		子どもはA, Bの粘土のボールが等しい量で、同じ重さであることをまず認める。それからBをつぶしてCのソーセージ型にすると、大きさのちがいや長さのちがいに着目して、量は変化し、重さもかわるとこたえる。	子どもはA, Bの粘土ボールが等しい量で、同じ重さであることをまず認める。それからBをつぶしてCのようにしても、それはBのときと等しい量でしかも同じ重さであることを理解する。
長さの保存		子どもは個数の異なった積木を使って、Aと同じ高さの塔をつくることができない。	子どもは個数の異なった積木を使って、Aと同じ高さの塔をつくることができる。
客観的空間の保存		子どもはテーブルの上の山がもう1人の子どもにどのように見えるかを表象できない。自分に家が見えていると、もう1人の子どもも見えていると思っている。	子どもはテーブル上の山がもう1人の子どもにどのように見えるかを表象できる。すなわち、自分に見えている家が相手の子どもには見えないことが理解できる。

このようにピアジェは日常生活における子どもと直接関わる観察や臨床法とみずからがよんだ子どもへのインタビューを通して子ども独自の考え方をとらえようとしています。ピアジェの理論における子どもは積極的に自分の知識を構築する存在として、みずからの能動性を強調するような主体的な生き生きした姿としてとらえられます。また子ども独自の考え方に注目した点で、それまでの未熟な存在としての子ども観から子どもらしさ、子ども独自の認識の世界

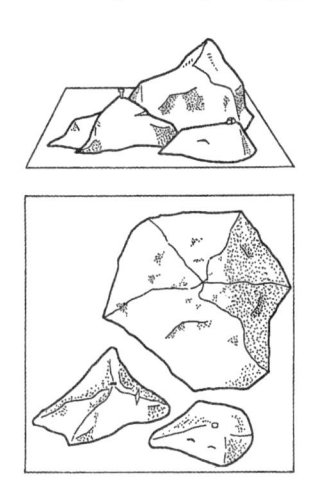

図3−1 「三つ山」課題[13]

を明らかにしたともいえるでしょう。その点はピアジェ理論の大きな功績といえると思います。

　しかし，ピアジェの描く発達の様相は，外界とのやりとりを重視しているとはいえ，基本的には個人の内部のシェマがどのように構成されていくかという個人の頭の中の問題，能力，ちからの変化に帰するものです。この点が子どもの発達を見守り，子どもの活動を支えるには大きな欠点ともなっていきます。次節ではそのことを検討していきたいと思います。

第3節　「関係」からとらえる発達

（1）イストミナによる実験を手がかりに

　ピアジェの発達理論における「個」としてとらえる発達は，保育の場の子どもたちを理解するには欠点ともなりうるということを前節の最後で述べました。そのことを，イストミナ（Istomina, Z. M.）による実験を手がかりとして考えていきたいと思います。この実験は，記憶について扱ったものです。記憶を調べるには，従来の心理学実験では，単語を暗記してもらい，その単語をどの

くらい思い出せるかというかたちで調べられてきました。イストミナは、そのような従来のかたちで記憶力を調べるために、子どもたちを「レッスンのため」といって一人ずつ呼び寄せ、これから読み上げる単語を注意して聴いて、その単語を後で自分でいえるように、単語を覚える努力をしてください、といいました。子どもたちは、3秒間隔で読み上げられる単語を5つ聴き、短い休憩（60秒から90秒）のあと、できる限り思い出すようにいわれました。このときに思い出された単語の数は3〜4歳の子どもの場合、平均0.6個でした。そして、4，5歳児になると1.5語、5，6歳児で2.0個、6，7歳児で2.3語でした。けれども、この結果は本当に、この年齢の子どもたちの記憶力を示しているものでしょうか。

　実は、イストミナは、このような従来のかたちでの記憶の調べ方だけではなく、もうひとつ、子どもたちが覚えるための目標をはっきりたてられることができるような条件を作り出して実験を実施しました。単に覚える課題を与えるのではなく、「幼稚園ごっこ」と「お店屋さんごっこ」をする中で記憶すること、覚えることが必要になる場を作り出したのです。

　さきほどの従来のかたちでの記憶をしらべる実験に参加した子どもたちと同じ60人の子どもたちが、今度の実験にも参加しています。6人の子どもたちが一緒にゲームをしました。そのうちの3人はお店の従業員の役割を与えられ（店員・レジ係り・ガードマン）、3人が幼稚園ごっこの役割（先生，コック，ディレクター）をしました。実験者も、ひとりが店長を演じ、もうひとりが幼稚園長を演じました。

　ゲームは隣り合った2つの部屋でなされ、幼稚園の役割の子どもたちは園長先生と幼稚園ごっこの準備をし、お店の役割の子どもたちはお店の準備をしました。お店の準備ができると、店長役の実験者が、ガードマン役の子どもを幼稚園に行かせて、お店が開きましたとアナウンスさせました。

　このアナウンスを聞いて、幼稚園長は、幼稚園で必要な品物を買うため、ひとりの子どもにお使いにいかせます。お使いの依頼はいくつかの品物の名前を注意深くいうかたちでなされました。そして、子どもは入店許可証とお金と品

表3-4 2つの条件における子どもが再生した単語数[14]

被験者の年齢	「実験室」実験における再生	プレイ実験における再生
3-4歳	0.6	1
4-5歳	1.5	3
5-6歳	2.0	3.2
6-7歳	2.3	3.8

物を入れるバッグを渡され，お買い物にでかけました。そして，お店へ行き，必要な品物を買いました。このときの品物の名前は，従来の記憶実験で覚えられた単語と意味および困難度が同じものとなっていました。

　さて，その結果は，表3-4のようになりました。一見して，いわゆる記憶課題よりも，ごっこ遊びの場面において，覚えている数が多いことがわかります。

　このような結果を見ると，状況によって記憶のちからが異なっているようにみえます。特に4歳児は，ほぼ倍の再生単語数となっています。「幼稚園ごっこ」と「お店屋さんごっこ」という子どもたちにとって入りこみやすい状況により，このようにちからがあるようにみえる結果となっているのです。この実験の結果から，子どもたちのちからの発達が，さまざまな状況によって支えられていることが見えてきたと思います。また，このような状況によって子どもたちのちからが異なってみえる実験は，ピアジェの保存課題でもさまざまなかたちでなされています。

(2) ヴィゴツキーのアイディア

　このように発達を個人の頭の中だけで生じるだけのものではなく，個人をとりまく状況や関係の中で生じるものとしてとらえたひとに，ヴィゴツキー(Vygotsky, L. S., 1896-1934)がいます。彼は，ロシアの発達心理学者で，ピアジェと同じ年に生まれていますが，38歳と若くして亡くなったことや当時の社会的情勢から，彼の研究が主にアメリカの研究者の再評価や再発見により，広

く知られるようになったのは，1980年代に入ってからでした。

　高木光太郎[15]は，ヴィゴツキーの理論の大きな特徴は，①歴史的所産としての高次精神機能，②複数の発生領域とその関係への注目，③高次精神機能の記号による媒介，④高次精神機能の社会的発生の4点に整理できると述べています。以下，このキーワードにそってヴィゴツキーのアイディアをまとめてみます。

① 歴史的所産としての高次精神機能

　歴史的所産も，高次精神機能もわかりにくい言葉かもしれません。高次精神機能とは，環境からの刺激に受動的に反応するのではなく，他者と共同し，意図的かつ能動的に行為を方向づけ，環境にはたらきかけることができる人間に固有の心の過程を指しています。そして，この機能が可能になるためには，生物学的な進化である系統発生，生まれてからの発達的変化としての個体発生だけではなく，歴史的な視点も必要であることをヴィゴツキーは主張しました。2章で異なる文化における人びとの子ども観そして子どもに対する行為の違いを見ました。そのように，人びとの高次精神機能は，文化社会に応じて多様な形態をとります。これは歴史的な所産です。人間という存在を見るにはそのような歴史発生にも注目することが必要なことをヴィゴツキーは述べていました。

② 複数の発生領域とその関係への注目

　また，ヴィゴツキーは，子どもの発達をとらえる難しさについて，系統発生と歴史発生が個体発生には合流しており，複雑でありながら，単一の過程をつくりあげていることにあると述べています。個の発達のみ，進化の過程のみ，歴史的側面のみ，というようにそれぞれの変化を見るのではなく，それがからまりあったところ，接触したところに，人間の発達を位置づけているのです。

　その意味でヴィゴツキーの想定する発達論から子どもを見ることは，「社会的存在としての子ども」ととらえることになります。あかちゃんは生まれたと

きから，社会的関係の中で発達します。どんなにひとりでやっているようにみえることであっても，まわりの人びととの関係の中で立ちあらわれているととらえることができるのです。

③ 高次精神機能の記号による媒介

　また，ヴィゴツキーの提案した中心概念のひとつは，行為は常に記号を含めた道具によって媒介されていることです。

　例えば，さきほど紹介したイストミナの実験を思い出してみましょう。子どもたちは子どもたちなりに，記憶するにはさまざまな手がかりを利用し，状況を利用していました。また，私たち自身，覚えていたいために外部のさまざまな手がかりを配置します。メモを書く，付箋をはる，手にしるしをつける，などみなさんも自然に外側の手がかりを作り出し，利用しています。

　また何かを考えるときも私たちは常に，外部の手がかりを道具として利用しているのです。

④ 高次精神機能の社会的発生

　さらにこのように媒介として記号を使用することは，生得的なものではありません。子どもがどのように行為に記号を媒介させコントロールできるようになるかについて，ヴィゴツキーは次のように述べています。「子どもの文化的発達におけるすべての機能は，二度，二つの局面に登場する。最初は社会的局面であり，後に心理学的局面に，すなわち最初は精神間カテゴリーとして人々のあいだに，後に精神内的カテゴリーとして子どもの内部に，登場する。このことは有意的注意にも，論理的記憶にも，概念形成にも，意志の発達にも，同じようにあてはまる」[16]

　ここに述べられているように，ヴィゴツキーは精神間機能という人との関わりあいの中で生じたことが，やがて精神内機能，個人の内で作用するものにとりいれられていく，内化されていくと述べています。

　例えば，子どもがなくしたお気に入りのおもちゃを探すという高次精神機能

を考えてみましょう。子どもはお気にいりのおもちゃをなくしたとき，どのようにふるまうでしょうか。きっと身近なお母さんか保育者に「あれどこ？」と尋ねるでしょう。その後の会話はこんなふうではないでしょうか。「あれってなあに？」「電車だよ」「さっき玄関で遊んでなかった？」「みてくる」…そしてもし見つかれば「あったよ！」となるでしょう（見つからなければ，再び「さっき階段で遊んでなかった？」「みてくる」と続くでしょう…）。こうしてなくしたおもちゃを記憶をたどって探すという精神的機能は，まず，精神間，他者とのかかわりでなしとげられるのです。でも子どもはずっと何かおもちゃをなくしたときに他者を頼りにするわけではありません。やがて，「あれ，電車みあたらないな」「さっきどこであそんだっけ？」と自分の中で対話することで探すことができるようになるでしょう。これが精神間機能から精神内機能へとしてあらわされていることなのですが，実は，精神内機能として働くようになっても，高次精神機能が対話的であることも興味深いことです。

　さらにヴィゴツキーは子どもが「他者のたすけをかりてできる水準」と「自分だけでできる水準」とのあいだのことを，「発達の最近接領域」とよびました。この概念は，おとなや仲間から教えられることによって，教育によって子どもはより発達が促進されるように理解されることがあります。けれどもヴィゴツキーとも共同で研究したレオンチェフによる「収奪 appropriation」という概念を考えたとき，もっと子ども独自のプロセスがみえてきます。レオンチェフは，あるものを自分のものにすることである収奪という概念を発達における主要な過程として位置づけています。子どもは自分のいる状況の中で，他者やものと関わり，その中でこそ収奪も生じるのです。ここには社会と関わりあいつつ，みずから積極的に学ぶ子どもの姿，村井のいう「人格」「共生」「同行」のモデルとの重なりも見えてきます。

（3）関係論的発達論

　このようにヴィゴツキーの理論をみてきたとき，周囲の他者やモノとの関係の中で立ちあらわれてくる子どもの姿，発達がみえてきます。こうした発達観

について佐伯は関係論的発達論と呼び，次のように述べています。「たとえば，通常の実体論的な考え方からすれば，子どもの『能力』というのは，それを保有する人が『頭の中』に『持っている』『力』であって，それは個人差はあっても，元来『固定』されており，客観的な方法で『測定』できるはずのものとされる。そこから，さまざまな『能力』の測定方法が考案される（事実，されてきた）。しかし，関係論的な立場に立てば，『能力』というのは，さまざまな状況の中で，さまざまな人やモノ，あるいは目的などとの関係の中で，人が行う実践活動を通して立ち現れる（可視化される）現象だとされる。（中略）関係論的発達論では，人の『発達』を個人の（頭の中の）認知構造の変化という見方をしない。そうではなく，発達というものを，子どもが生きている社会，世界，共同体，そこでの人々の営み，活動などとの『関係』のありようの総体の変容として捉えるのである。」[17]

　保育の場での子どもたちを理解するとき，このように関係的に発達を見ることは欠かせません。発達を個人の力としてとらえる発達観が基盤にあると，気になっている子どもの行為は「その子ができないこと」「その子が悪いこと」としてクローズアップされて見えてきます。例えば，落ち着かない子どもが机の上に乗って動き回っています。それをご覧になったあなたは，危ないことですし，机はそのように使うものではないと必死でその子をとめ，こんこんといい聞かせるかもしれません。その子が「できない」ことを「できる」ように，「悪いことが」「わかる」ように必死で働きかける保育者の姿が浮かんできます。けれども，そのように働きかけても，子どもにその働きかけは届かないことが多々あります。なぜなら，子どもの内的な経験を本当に理解することには届いていないからです。その子どもは，サメになっている他の子どもから逃げて船から船へ飛び移っている「ごっこ」の世界に入りこんでいるかもしれませんし，机の上に飛び乗ることによって得られるいつもより高い位置の視界とちょっとがたがたする感覚を楽しんでいるかもしれません。つまり，机の上にいる子どもと他の子とのかかわりや，モノとのかかわりが，その子がそのようにふるまう関係を作り出しています。そのとき，ただ，その子の行為のみに保育者が必

死によくなるよう働きかけても伝わらないでしょう。その子が見ている，楽しんでいる世界を保育者もともに味わうことがまず必要であり，その上で，その子が今楽しんでいる机のさまざまな可能性の延長線にある，さらなる机の世界（そこには従来の文化の持っている机の使いかたも含まれます）をともに見出していくプロセスが日々の保育となるでしょう。このようにそれぞれの子どもを大切にする保育において，その子をさまざまなかかわりの中で見る丁寧な関係的な見方とかかわりはとても重要になります。子どもの行為が，どのような関係の網の目の中で成り立っているのかという視点から見ることを是非心にとめておいてください。

---------- 引用文献 ----------

1) 矢野喜夫・落合正行『発達心理学への招待：人間発達の全体像をさぐる』サイエンス社，1991年，16頁。
2) 『幼稚園教育要領』平成20年改訂，平成21年施行，文部科学省。
3) 『保育所保育指針』平成20年改訂，平成21年施行，厚生労働省。
4) 無藤　隆・民秋　言『ここが変わった！ NEW幼稚園教育要領・保育所指針　ガイドブック』フレーベル館，2008年，85頁。
5) 浜口順子『「育ち」観からの保育者論』風間書房，2008年，289頁。
6) 同上，290頁。
7) 同上，291頁。
8) ブルーナー，J. S., 田中一彦訳『可能世界の心理』みすず書房，1998年，214頁。
9) ピアジェ，J., 谷村　覚・浜田寿美男訳『知能の誕生』ミネルヴァ書房，1978年，24頁。
10) 同上，33頁。
11) 松本博雄「枠組みを意識し子どもと向き合う　J. ピアジェ『知能の誕生』」夏堀睦・加藤弘通編『心理学理論ガイドブック』ナカニシヤ出版，2頁。
12) 内田伸子『幼児心理学への招待　子どもの世界づくり』サイエンス社，1989年，115頁。
13) 同上，120頁。
14) イストミナ，Z. M., 富田達彦訳「就学前児童の随意記憶の発達」ナイサー，U. 編『観察された記憶　自然文脈での想起＜下＞』誠信書房，1989年，412頁。
15) 高木光太郎「ヴィゴツキー理論の可能性と実践の文化人類学」田島信元編『文化心

理学』朝倉書店，2008年，19頁。
16) ヴィゴツキー，L. S.『精神発達の理論』明治図書，1970年，212頁。
17) 佐伯　胖『幼児教育へのいざない　円熟した保育者になるために』東京大学出版会，
　　　2001年，93-94頁。

●●●●●●●●●●●●●●●●●●●●● 参考文献 ●●●●●●●●●●●●●●●●●●●●●

岡本夏木・浜田寿美男『発達心理学入門』岩波書店，1995年。
佐伯　胖『幼児教育へのいざない［増補改訂版］　円熟した保育者になるために』東京
　　　大学出版会，2014年。
永野重史『発達とはなにか』東京大学出版会，2001年。
渡部信一『障害児は「現場」で学ぶ　自閉症児のケースで考える』新曜社，2001年。

第4章
子ども理解の方法について学ぼう

本章のねらい

　「子どもを理解する方法」と聞いて，みなさんはどのようなことを思い浮かべるでしょう。何か特別な方法や道具があるように想像なさるかもしれません。

　けれども，子どもを理解するための方法は，実は，私たちがすでに日常行っている行為が基盤となっています。子どもを見ること。子どもと関わること。見たことや関わったことをふりかえり書くこと。そして出会ったできごとを他の人と話し合うこと。このような，ふだんみなさんが行っている行為を，これから保育の場に臨む際に意識的に行う「専門的」な行為として改めて考えていきましょう。

① 「見る」「関わる」ことを考えましょう

　日常何気なく行っている，子どもを見ること，子どもと関わることが，どのように子ども理解とつながるかを学びましょう。

② 「ふりかえる」「語り合う」ことを考えましょう

　子どもたちを理解するために，実際に関わったことをどのようにふりかえったり，語り合うかを考えてみましょう。

③ **子どもを理解する道具について考えましょう。**

　子どもを理解する手助けになる道具を，どのように用いることができるかを検討してみましょう。

第1節 見 る

（1）見ることの難しさ

　子どもを理解するための方法の最初が「見る」であることに，がっかりなさっているかもしれません。このテストを実施したら，この道具を使用したら，子どものことがすべてわかります，という便利なものは残念ながらありません。私たちが子どもと出会い，そして理解しようと努めていく営みの中からしか，子どもを理解していくことはできないのです。その営みをまずは「見る」という観点から考えていきたいと思います。

　「見る」なんて簡単なことなのになぜわざわざ考えるのだろう，と思うことでしょう。でも，例えば，子どもがしていることを何から何まで克明に見ることは，たとえ親であっても不可能です。また，たとえ詳細に，例えばビデオに録画して，細かく見ていっても，子どもの「ほんとう」を理解することは難しいでしょう。その例をまずは私自身の経験から考えていきたいと思います。以下にあげるエピソードは，ある年の晩秋，3年保育の幼稚園の年少組に，お邪魔したときのできごとです。

> **エピソード 1　カナタくんのうそ**
>
> 　みんなでの「さようなら」が終わったあとで，保育者が，サトシくんとカナタくんとお話をしています。保育者は，「サトシくんのお顔にひっかかれたあとがあるよ，サトシくんは，カナタくんに，この席座ってもいい？と言って，いいよって言われたから座ったのに，カナタくんにむりやり，どかされたって説明してくれたんだけど」とカナタくんに話しかけています。そして，サトシくんのお顔の傷をカナタくんに見るように促すのですが，カナタくんは，保育者と目をあわせようとせず「やってない」「ぼくじゃない」と言い張っています。
> 　保育者はさらに「保育者は，見ていないので，わからないけれど，サト

シくんは，嘘をつかないと思うよ，カナタくんが忘れちゃっただけじゃない？」とカナタくんに穏やかに話しかけていますが，カナタくんは本当に忘れているのか，僕じゃない，という感じの表情に見えます。やがて，サトシくんは，お母さんもお迎えにいらしており，サトシくん本人も「帰る」と言うので，帰ることになりました。その後，もう少し保育者とカナタくんはお話しをしていましたが，カナタくんには，サトシくんが怒っていたことが伝わらないようでした。

　私は，このやりとりを見ながら，サトシくんとカナタくんがお集まりのときにどうだったかと，思わずビデオを巻きもどしていました。お集まりのとき，椅子は円状に並べられていましたが，座る席は自由です。どのように子どもたちが席につくかを俯瞰（ふかん）して撮っていたビデオの片隅に，サトシくんにカナタくんがつかみかかっている様子がちらっと映っていました。画面の右はじっこで切れている状態の映像なのですが，服装等からサトシくんとカナタくんであることは見てとれました。また，この争いのときにサトシくんが座っていた席が，そのあとお集まりでカナタくんが座っていた席でした。

　私は，カナタくんとお別れした後の保育者にビデオのこの部分をお見せし，保育者と一緒にカナタくんがサトシくんをひっかいていることを確認しました。

　このエピソードに登場する私自身は，子どもたちの仲間関係の育ちを考えるために定期的にこの幼稚園を訪れて，ビデオ記録を撮らせて頂いていました。そのため，サトシくんとカナタくんの間に「事件」が生じたと思われる時間帯，他の子どもの着替えを手伝ったり，コップやタオルをしまうなど降園の支度の世話をしたりと忙しくしていらした保育者とは異なり，私自身は「見る」ことに専念していました。それでもサトシくんとカナタくんのいざこざの瞬間は見ることができていませんでした。「見る」ことを目的としてその場にいても，このような重要なできごとが目に入ってくるとは限らないのです。多様なでき

ごとが生じている保育の場の中で「見る」ことの難しさが，このことからもわかっていただけるかと思います。

　さて，かれらの「事件」そのものは目撃していなかったのですが，このとき私はビデオカメラで子どもたちの様子を撮影していました。そのため，保育者とサトシくんとカナタくんの話し合いを見て，何が起こったのだろう，とビデオを巻きもどして確認しました。そこで，ようやく，サトシくんとカナタくんの間で，席をめぐる争いがあったことをビデオの中に「見る」ことはできました。そして，やっぱりカナタくんがサトシくんから席を奪ってひっかいていました，と担任の保育者に告げました。つまり，間接的にカナタくんはうそをついているんですねという意味のことを担任の保育者に伝えてしまいました。その日生じたこととして，間違ってはいないことを話しているはずなのですが，なんとなく裁判の証言をしているかのような違和感が残りました。

（2）保育の中で子どもを見るということ

　エピソード1では，保育の場でカナタくんのいっていることが本当かと疑い，それが事実であるかを確認するかのような「見る」行為を行っていた，私自身のできごとを見てきました。でも「子どもを見る」とはこんな事件の証言をするような行為ではないはずです。そのような思いがずっと私の中でひっかかっていたときに，保育の中で子どもを「見る」ということが本来はどのようなことであるかを，「子どものうそ」がからんでいるエピソードに出会うことによって気づくことができました。そのエピソードは，保育園の3歳児クラスでのできごとを保育者の方が書きとめているものです。

　エピソード 2　コウジくんのうそ[1]

　コウジくんのお母さんがきびしい顔つきで子どもを連れてみえた。「さ，先生にごめんなさいして。もうしませんからって」「ゴメンナサイ　モウシマセン」不服そうな表情のコウジくん。お母さんは，「こんな情けない思いをしたことは，ありません。ゆうべ，この子のかばんをあけたら，こ

んなものが出てくるじゃありませんか。保育園のでしょうって聞いても，ボクのだ，先生がくれたんだって。そんなはずないでしょうって言っても，ほんとにもらったんだと強情はって…」「うそを平気で言うような子に育てた覚えはないのに，と思ったらくやしくて，ゆうべは，お父さんと十時頃まで，きびしくしかったんです。申し訳ありません」

　コウジくんが，だまって持って帰ったのは，プラスチックのブロックをひとつかみ。組み合わせるのがおもしろく，よほど気に入ったのだろう。＜イイナア，ボクガ　ツクッタクルマ（車）ダゾ。ボクガ　ツクッテルンダカラ　ボクノダ。トッテモスキナンダカラ　ボクオウチデモ　コレデアソビタイ。ソウダ　モッテカエロウ＞　コウジくんは至って単純明快に，結論に達したので，罪悪感などまるでない。母親がどうしたのとあまりしつこく聞くので，先生を持ち出しただけだ。先生だって，ボクがこれで遊んでいけないなんて言わないに決まってる。あした，また保育園にもって行くんだし——。うそをついて，ごまかすつもりはなかったのだ。

　それを，眠いのに両親からかわるがわるしかられ，どろぼう呼ばわりされても，なぜしかられているのか釈然としないものが，あったのだろう。今朝の仏頂面を見ても伺える。

　どろぼうなんてものは，おはなしの中にでてくる悪いおじさんで，宝物をぬすんで逃げる人ぐらいに考えているから，一向に自分の行為とは結びつかない。

　これは，うそというより知識が欠けていたという問題だろう。入園まもないコウジくんには，まだ公共のものや，他人と自分のものの区別や，所有の観念などが，十分発達していなかったために，起きたことといえる。母親にもそのことをよく話し，盗癖などと直接結びつく心配はいらないからと，ご安心願ったのだが，この年頃の子どもの行動は，大人の常識や道徳観といったレベルで，片づけてしまうわけにはいかないのである。

　こんなとき，しなければならないことは，保育室に備えつけてあるものは，みんなで使うのだから，だまって持ち帰ってはいけないこと，どうし

ても，欲しかったら，そう言って貸してもらうことを約束させる。その次には，園にあるものは園にいるときに使って遊ぶものだということを，わからせ，明日またその続きをしようと，納得させて，帰らせるようにしむけていくことだ。それをしないで，いきなりきめつけるのは，子どもをおびえさせ，大人の顔色をうかがわせるようなことにもなりかねない。

　エピソード1と同じ3歳児のうそがテーマになっているエピソード2ですが，このエピソードを書きとめている保育者は子どものことをしっかりと「見て」います。それがどのようなことであるかを考えてみましょう。

　コウジくんがうそをついた，と嘆いている母親がいます。子どものことを心配して幼稚園や保育園にくる保護者と出会うことはたくさんあります。その心配でいっぱいな母親の気持ちも，もちろん，しっかりと受けとめつつ，保育者は，まずコウジくんの気持ちを昨日からたどり始めます。

　コウジくんが持ち帰ったプラスチックのブロック。昨日彼は，保育園でブロックを用いて車を作りとても嬉しそうだったこと。その嬉しく，楽しかった遊びを家でも遊びたかったであろうこと。だからこそブロックを持って帰ったので，母親がなんで怒るのかわからないこと。仏頂面である彼の様子から「盗んだ」なんて不本意であること。そのような彼の思いを想像しながら，お母さんに伝えます。

　でもそれだけでは終わりません。保育者は保育者としての立場から，この時期，まだ公共のモノを持って帰ってはいけないなどのルールや，物の所有の概念が子どもに育っていないことを見通しています。そのこともまた，母親に伝えつつ，コウジくん本人にも，そのことをこれから先どのように理解していってもらうかという道筋を考えて，そして伝えようとしています。

　ある子どものうそ，という事態に面したとき，保育者は，子ども自身の立場，保護者の立場，そして保育者としての立場から，見直し，とらえています。ブロックを黙って持って帰ったという「うそをついた子ども」と見るのではなく，園で楽しんで遊んでいる子どもとして見る，そこから，今後どのように育って

いってほしいかという子どもの姿を見る，そのため何を子ども本人や親に伝えるかを見る。今，いくつの「見る」が出てきたでしょうか。見る，ということは，あるできごとにあるさまざまな流れを見ていくことであるのです。あるできごとに至った背景と，このできごとから先へ育っていく子どもの姿と，時間の流れの中にそのできごとをおいて「見る」ことができることが必要です。

　エピソード1での私自身が事件の目撃者でしかなかったように感じ，子どもを理解できていると思えなかった違和感はここにあります。ただ「カナタくんがサトシくんをひっかいた」というある時点のできごとを報告するだけでは決して子どもを見たことにはならないのです。エピソード1にはもちろん続きがあります。私の目撃談を聞き，一緒にビデオ画面を確認した後，保育者は，カナタくんのその頃の状態，のりこえようとしている葛藤などを説明して下さいました。この担任の保育者もまた，あるできごとに至るカナタくん自身の気持ちの流れ，そしてカナタくんが育っていく道筋を探究しながら，彼を理解しようとし，かかわっていらっしゃる最中でした。そして，そのことを私にも伝えてくださったのでした。

第2節　関わる

(1) 関わることからわかる

　子どもを見て，理解することの複雑さを見てきました。そしてそこには保育者として「関わる」ゆえに見えてくる子どもの姿がありました。

　津守は下記のように述べています。

　「幼児教育における，あるいは，保育場面における，保育者の子どものわかり方は，保育者が子どもの外に立っていて子どもを対象としてわかろうとするものではない。保育者自身，子どもと同じ地面に立って，相互に関わりあい，子どもが変化するとともに，自分が変化してゆく。子どもはもはや，保育者にとって知的に知る対象ではなく，共に身体を動かし相互に言葉をかわし，感情を交流し，共に信頼しあい，共に生活を作り上げてゆく相手である。」[2]

保育者は，子どもとともに生活していく存在であることを，改めて確認してください。第2章の子ども観，第3章の発達観で考えてきたように，子どもを理解するという営みは，外側から子ども個人のちからをみてとることではありません。子どもとともに関わりあい，子どもを関係の網の目で見ていくことでした。そして，そのような見る実践のためには，保育者自身がともに関わることが欠かせないのです。子どもを理解するという営みの原点は，子どもと「関わる」という行為の中にあるのです。

（2）ともに「見る」こと

　けれどもいったいどのように子どもと関わったら，子どものことが見えてくるのでしょうか。次のエピソードから「見る」と「関わる」の関係を考えてみましょう。

エピソード3　視線の行く先の発見[3]

　タツヤにとって入園してから初めての夏休みも終わり2学期が始まりました。しかし，タツヤとの幼稚園生活は相変わらず「共に」の世界が全く実現しない毎日が続きました。そんな9月の中旬のことです。その日はいつものようにタツヤは保育室の扉の開閉を続けていました。口ではバス停の名前をつぶやいています。そのうち，タツヤは「いっちゃった」と繰り返し言い始めました。私は「バス停の名前を言っているのだからいってしまったのはバスのことだろう」と推測し，これをきっかけにバスごっこをしてタツヤとの遊びに展開できないものかと考えました。それで「ああ，バスが行っちゃったね」「乗れなかった。まってー」などと応答してみました。けれども，それに対するタツヤの反応は全くありません。日ごろから，タツヤの応答は的がはずれていると感じていた私でしたが，そのときばかりは自分の方が的がはずれていることをその場の雰囲気によって突きつけられました。そこで，私はタツヤの様子をじっと見つめました。タイミングをみるとどうも扉が開いたときに「行っちゃった」と言っているよ

うです。それを確認するようにタツヤの視線の行く先を追ってみると，確かに扉をみつめています。私もタツヤと一緒に扉をみつめました。そして，私は扉が開いて目の前から消えたときには「行っちゃったね」という言葉を，扉が閉まり再び目の前に扉が現れたときには「出たあ」という言葉を繰り返しました。そのような私の様子にタツヤはとてもうれしそうにニコニコと笑います。そのうち，私が際限なく繰り返されるこの行為に疲れ果て，何も言わないでいると，タツヤの方から「出たって言って」とせがんできたのです。私はこの言葉を聞いた瞬間，タツヤが楽しんでいた世界に自分も仲間入りすることができたのだという実感がわき，喜びがこみあげてきました。タツヤと一緒にいることを心から「楽しい！」と感じたはじめての出来事でした。

このエピソードを書いている保育者は，タツヤくんという子どもとどのように関わってよいかどうかがわからず，考えあぐねている日々をすごしていました。あれこれ考えつつ，必死にタツヤくんと関わろうとし，また彼の様子を見つめていても，どんどんタツヤくんのことがわからなくなっていき，つらい日々となってしまっていました。

ところが，このエピソードのとき，本当にタツヤくんがしたいことに対して，自分の対応がまったくの的外れであるという思いに陥りました。そして，なんとか関わろうと必死にタツヤくんだけを見つめるのではなく，タツヤくんとタツヤくんの周りを見ざるをえなくなりました。タツヤくんのみを見つめることから，周囲も見ることに広がったとき，今度は，タツヤくんの視線のいく先を追い，彼とともに同じものを見るということが可能になりました。そうして，ともに同じものを見たときに，ここでの「私」はタツヤくんの世界に気づくことができたのです。

子どもを理解しようとするとき，子どもだけを見つめていても，理解することはかないません。子どもの視線の行く先をともに見つめること，そして子どもの意図をともにすることから，子どもを理解することがはじまることがこの

エピソードから読みとっていただけると思います。すなわち，子どもとともに世界を見ることから，より豊かな関わりが始まるのです。

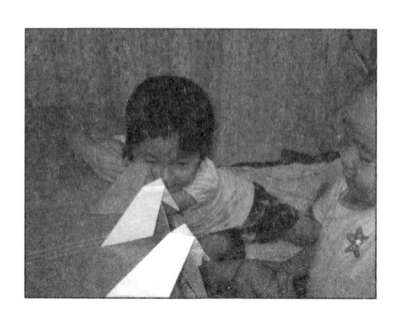

第3節　ふりかえる

（1）子どもの姿を「書くこと」

　子どもを理解するためには，子どもとの出会いをふりかえり，それについて考えること─「省察」が欠かせません。そのためにはまず，子どもの姿を「書く」ことが大きな手がかりになります。

　けれども，いざ，きょう見た子どもの姿を，出会った子どもの姿を書こうと思っても，何から書いたらよいのか，わからなくなるかもしれません。私自身も，出会ったできごとをとにかく細かく記述してみても，子どもを理解したという実感は得られずに挫折したことが多くあります。そのような細かい記述を，佐伯は「けんちゃんの絵日記」として下記のように述べています。「『けんちゃんの絵日記』のような論文というのは，保育関係の論文にかぎらず，いわゆる『実験心理学』の論文でもときどき見かける。論文の書き方としては，一応，なんらかの『仮説』を立てて，それを実験で『検証』したことになってはいるが，『仮説』なるものが，特定の条件の下に起こるであろうことの予測にすぎず，別段，より大きな課題（issue）を背景にした，『そのことがわかると，他のさまざまなことの説明がつく』というものになっていない。」[4]

　ただ，生じたことを並べてみても，子どもの理解へはつながっていきません。

佐伯は，具体的に見るということについて，下記のように述べています。

「保育の実践者が子どもを見てどんなに詳細な動きももらさずに記述したとしても，あるいは，心理学者が子どもを観察してさまざまな専門用語を駆使して連綿と記述したとしても，もしもそれらの記述が『いろいろなことがある』という事実の寄せ集めにすぎず，『他のものごととの関連』が見えてこなかったり，統一的な全体像が描きだされていなかったりするのであれば，その記述は『抽象的』なものである。

一方，保育者の記述で『理論的な説明』はうまくできなくとも，『そのことは，これまでにあったいろいろな出来事や事実を関連づけてくれる』とか，『そういうことってよくある他のいろいろなことにも共通している』とか，『そのことから，Ａちゃんという子どもの〝Ａちゃんらしさ〝がよくわかる』というような記述であれば，『具体的』記述といえる。」[5]

「具体的」にとらえること，ということが，ただ詳細に記述することではないことが，この引用した箇所からよくわかると思います。そしてエピソード２を思い出してください。そこでは子どものあるできごとに至った経緯—過去—とこれから育っていってほしい方向性—未来—とを位置づけていました。「具体的」ということが意味しているのはそのように子どものことを理解することでもあるのです。

また，詳細に時系列順にものごとを記述しているだけでは，ものは見えてこないことは，やまだようこによって，下記のように述べられています。

「もし完璧な観察・記録者がいて，私たちが日々していることをすべて自動的に録画・記録できたら，『客観的』な年代記・伝記ができあがるでしょうか。それを見れば，わたしたちが経験していることをより良く理解できるでしょうか。まず，問題になるのは，その記録を見るには，実人生と同じだけの時間が必要なことです。しかし，時間が確保できたとしても，ＶＴＲで長々と些末な出来事が次々と継起するのを見るだけで，何かを理解できるでしょうか。何らかの編集作業が必要ではないでしょうか。その編集作業が『物語化』の始まりなのです。」[6]

やまだが「物語」としてとらえているように，何らかの編集作業をすること，そして佐伯のいうような「解決すると，単に当初の疑問が解消するだけではなく，他のさまざまなことが同時に解明される」[7]ような問い，課題を見出すことが，できごとをふりかえり，書くためには必要なのです。

（2）みずからの感情体験を記述する

とはいえ，「問い」なんてすぐには出てこないよ，と思われることでしょう。何を手がかりに子どもとのできごとをふりかえり，記していったらよいのでしょうか。できごとの複雑さを考えると，ビデオに映っている短い時間のことですらすべてを記述することは不可能ですし，ただ時系列に沿って記述できたとしても，その記述は「問い」を追究することにつながるものとはなりえないことはすでに見てきました。また，ビデオを利用せずに，子どもと関わったことを，記憶に頼り，とにかく細かく記録をとったとしても，意味のある記述に到達できないのです。記述しようとすることは，子どもをとりまく多様で複雑な世界で生じていることです。その入り組んだ網の目はどのように描くことができるのでしょうか。何を記述していくことが必要なのでしょうか。

そのヒントは，子どもを見ている自分自身の気持ちにあります。子どもを見ていて不思議だなと思ったこと，こうすればよかったという後悔の気持ち，どうしてもあの子どもがあのようにふるまったことがわからないという疑問の気持ちなど，さまざまな自分自身の気持ちを含めて記述することが，子ども理解につながっていくのです。

エピソード3＜視線の行く先の発見＞をもう一度読み直してみてください。タツヤくんの動きとともに一緒に居る「私」の気持ちが描かれ，それを手がかりに読者にもタツヤくんの見ている世界が見えてきていることに気づかれると思います。

記録を書く人の感情が記述に入ることを，客観的な記述ではないと退ける考え方もあります。客観的な研究には，観察者の感情が入り込まないようにできごとを記述することこそが必要だと考えられていたのです。

けれども，第3章で見たように発達を関係的に理解するためには，関係の網の目をよみとくことが必要です。そして，関係の中には，それを見ている人自身も深く関わっています。観察者自身の視点，感情が，ある場面を「見て」「理解」することに深く関わっているのです。

刑部育子[8]は下記のように記述しています。

「実験対象とは異なり，子ども一人ひとりの世界，そして子どもを取り巻く社会的諸関係を記述するためには，その多様性，複雑性，入り組んだ網目を描くことが必要である。そのためには，第三者的な外からのまなざしだけではその世界を記述することはできない。生きた実践現場に入る以上，自分もまたその世界に入り，何らかの形で『かかわる』ことになる。」

自分の感情を意識的に記述することは，子どもの感情が見えてくることにつながってきます。自分の視点を意識することから，互いに他者の視点を想像することが可能になっていくのです。

第4節　語りあう

(1) ともに語ること

3年保育の年中児クラスでの遊びを，下記のようなできごとが映っているビデオをもとに保育者の方とともに考える機会がありました。

エピソード4　ともに眺める・ともに遊ぶ

タカシくんが積み木を眺めながら「もっと下へいけ，さかながいるぞ」「はやくあみをおろせ，さかながとれるぞ」と最初に叫んだとき，それまで遊んでいた宇宙船のイメージもあったためかなかなかその台詞にはのらないユウキくん，ハヤトくん。タカシくんが何度かくりかえすうちに，ユウキくん，ハヤトくんは魚のイメージにのっていきます。ユウキくんが，のりのりで魚をとる網をなげます。タカシくん，ユウキくん，ハヤトくんの3人でタカシくんが最初にレーダーに見立てた四角い積み木を覗き込みます。

私自身は，見えないものをともに見るという行為が遊びの中でどのように成立しているかを興味深く見ていたエピソードでした。ところが，このエピソードの前後を保育者の方とともにビデオで見たときに，さらにさまざまな視点からみた子どもの理解が生まれてきました。
　例えば，ハヤトくんの遊びへの参加に注目していたときの話し合われた様子をエピソード5として示してみます。

> **エピソード 5** ハヤトくんの遊びへの参加をめぐる語り
>
> 　「最初，積み木で作られた境界線の外側にいて，間にある電話を介して主にユウキくんに関わろうとちょっかいをだしていたのだけれど，トモキくんが積み木を丁寧に並べ替えスペースを広げていくなかで，ふと船のなか（境界線のなか）に入っていることに気づいて，とたんに，とても嬉しそうな表情になったわね。」「彼のこんな笑顔は初めて」との他のクラスの保育者の声があがり，さらに「本当にうれしそうなしぐさ」と指摘する声もあがります。
> 　それに続けて年少・年長のときの担任の保育者から「遊びに入れるとあの顔を見せるのよ」と語られました。さらに，「最近，こういう笑顔を見かける機会が増えている気がする。」という声もあがります。また，なかなか遊びに入っていかなかった彼の様子を思い出しながら「いつもこうやって偶然入れるといいのにね」の声もあがりました。

　テープにとっていたわけではないので正確ではないのですが，ビデオを見ながら，ハヤトくんの彼の表情・感情が，それぞれの保育者がであったハヤトくんの今までの様子をあわせて語られていることを読みとってみてください。実際に保育に関わっている保育者がビデオを見るときの視点が，子どもからの「見え」，感情を自然に見てとっていることに気づいてもらえると思います。
　また，彼が一緒に遊ぶということが見られたこの場面に至る道筋をわかちあっている様子を感じていただけるのではないかと思います。実際にはさらにこ

のあと，ハヤトくんだけではなく，最初の私のエピソードではとりあげられなかった子どもたちついてもこのように語られました。この話し合いを通して，ここに登場する子どもたちの理解はより多角的なものとして，保育者の間で共有され，これからの保育に生かしていく資源となりました。

　この園は，各学年2クラスあるのですが，その2つのクラスはしばしば一緒に行動し，また毎年クラス編成がかわっています。また縦割り保育の日や普段の遊びの場面で，他クラスの保育者と接する機会も多くあります。そのため，この場面に限らず，一緒にビデオ記録を見ているときには，担任以外の保育者からの声もかなり聞こえました。

　このような保育者の声は，子どもたちそれぞれの物語が見えるプロセスとなっています。ビデオを見ながら，またビデオを見た後に，保育者がつぶやいた言葉は，そこに登場する子どもたちの以前と今後の遊びへの言及が多様に含まれていました。例えば，このときの遊びのテーマと関連して，年少さんのときから海賊になって遊んでいた彼らの姿を思い出したと語る年少さんのときの担任の保育者もいれば，この遊びのときの担任の保育者から，船で遊びにいって海に飛び込むストーリーは年中の秋ごろからも続いていることに言及があったり，幼稚園での遊びのイメージの流れが見えてきました。

　保育者，保護者，観察者がともに語りあうことから子どもを理解し，学ぶプロセスは，互いに開かれたものであり，参加者それぞれが貢献している営みです。どこかの立場の者だけが力を持っているような関係ではないところから，子ども理解の営みが深まっていきます。宮崎清孝[9]はウェルズ（Wells, G）[10]を引用しながら，子どもはもちろん教師の学習にとって重要なことは人と人との関係で生じ，さまざまな声と出会うことでおこり，このような学び方は共探求者，ともに考える存在であることを論じています。子どもの姿を理解するという営みもまた，子どもと関わるそれぞれが子どもについてともに考えていくところから生じるのだと思います。

(2) ものがたること

　ふりかえり子どもを理解するときに，大きな役割を果たしていたものに，「物語」の持つちからがあります。保育の場を「物語る」ことの重要性は以前から指摘されています[11]。また，保育の場に限らず「物語る」ことは，組織の学びにとって非常に重要であることも指摘されてきています[12]。

　子どもを理解するという営みは，保育の実践の中に埋め込まれているのですが，そこでは「物語る」ということが，大きな役割を果たしているのです。子どもについて，みずからがとらえている姿を語り，記し，他者がとらえている同じ子どもの姿を聴き，やりとりをしていく営みの中で，子どもの姿をとらえる物語は広がり深まっていきます。そのプロセス自体が，子ども理解を深めていく営みであると考えられます。

　子ども理解を深めていくには，子どもについての語り，物語を，それぞれの視点，声によって提示し，相手の語ることに共振し，ともに感じる場が必要です。そしてそのようなプロセスから互いの物語をある程度とはいえ共有し，それは物語に登場する子どもをより深く理解するプロセスとなっていくのです。

第5節　子どもを理解するための「道具」

(1) 記　録

　すでに見てきたように，子どもを理解する営みの中で「書く」ということは，とても重要なことでした。書いたものを中心とする記録は，子どもを理解するための「道具」でもあります。子どもについて書くことは，保育の営みの中でたくさんもとめられます。教育実習では，実習日誌，保育の計画を書くことが求められますし，実際に保育に携われば，日々の記録，週案，年間の保育計画，指導要録などさらに多くのことを書く必要があります。そのような記録はいずれも子どもたちを理解したことを示すものであると同時に，子どもたちを理解する道具となります。

　そのような記録の中でも「ドキュメンテーション」について，ここでは考え

てみましょう。秋田喜代美[13]によると，第2章第3節でご紹介したイタリアのレッジョ・エミリア市においては，子どもの心の動きや学びを可視化し，共有していく教師の活動として「ドキュメンテーション（記録）」が重視されています。この「ドキュメンテーション」は，初期のものは，子どもたちのつぶやきを丁寧に記録したものでしたが，現在では文字記録に限らず，写真，動画，作品など多様な形式をとっています。ドキュメンテーションは，つくるプロセスで，また作られつつあるドキュメンテーションを見る中で，教師自身が子どもを，また，子どもの行為の意味を探求するプロセスとなり，記録する行為と記録そのものが，子ども理解の道具といえます。また，ドキュメンテーションはそれに携わる教師だけの子ども理解の道具ではありません。子どもたち，他の教師，保護者，地域などへと学びの窓を開き，記憶の共有を可能とするものとして位置づけられています。

　例えば，本当に小さな子どもの発見も写真と文章で示すドキュメンテーションを作成するとき，その作るプロセスの中で，教師はその子のそのときの「学び」の瞬間を改めて味わうことになります。さらに，ある教師の描いたその子どもの記録，すなわちその子どもの学びの物語は，他の教師たちが子どもの発達を他の視点から物語を読み取ることを可能とし，その相互的やりとりから，子どもの多層的物語を生成し，次の保育の活動へのデザインが生まれるものとなっていきます。子どもの遊びと学びを理解し，保育を考える道具として，記録を位置づけることができるのです。

　さらに，このようにつくられたドキュメンテーションが保育の中で果たす役割の一例を見てみましょう。ある日本の保育所では，その日の午前中に行われたさまざまな活動を何枚かの写真とその説明で構成されたドキュメンテーションにまとめ，夕方，掲示しています。すると，お迎えにきた保護者と子どもが一緒にそのドキュメンテーションを眺めながら，話しています。そのとき話したことをきっかけに，おうちでもさらに話がはずみ，その活動と関係のあることが家庭から戻ってくること，例えばお花のにおいの話題から香水を持ってきたり，塩がどうできるかの話から海の水をくんできたり，ということもよく生

じます。つまりドキュメンテーションを媒介に，同じ話題を保育所でも家庭でも，また子どもも，保育者も，保護者も探究する共同体が広がっていく様子がわかります。この園では，これらのドキュメンテーションは，同じテーマで連続するかたちで保育室や廊下に飾られていることもよくあります。それを眺めた他のクラスの子が，それをヒントに活動を広げることもありますし，また，古い記録がファイルされているものを，私のように訪問した人に見せてくれることもあります。子どももドキュメンテーションを十分活動に活かしていることを興味深く感じます。

このように，文字だけによる記録ではなく，ビデオカメラによる動画や写真といった映像記録は，子どもを理解する，そして子どもたちとの活動を考えていく，とても魅力的な道具です。ドキュメンテーションの例でみたように写真といった映像があることで，保育者同士，保育者と保護者が子どもの姿を共有するプロセスが豊かになることも多くあります。

けれども，特に，ビデオ記録を利用するには，注意しておかなくてはならないことがあります。ビデオ記録に残っているものについて，エマーソンら(Emerson, R. M., Fretz, R. I., & Shaw, L. L.)が述べていることを見てみましょう。「テープレコーダーやビデオによる音声や映像の記録は，一見，人々のあいだのやりとりのなかに含まれるほとんどすべての内容をとらえて記録しているかのようにも見えるが，実際には進行中の社会生活の一面を切り取って記録するだけに過ぎない。そもそもテープレコーダーやビデオで記録される内容は，それらの機械をいつ，どこで，またどのようにセットしてスイッチを入れたかや，それらの道具がどのような種類の情報を機械的にピックアップできるのか，また，記録の対象になった人々が機械がセットしてあるという事実にどのように反応したのか，というようなことに依存しているのである。」[14]

つまり，ビデオカメラを撮影しても，それは子どものすべてをうつしだすものではありえず，それがどのような状況で撮られたものであるかを，十分に考えつつ，ビデオ記録を利用していく必要があるのです。

また，鹿嶌達哉は，保育現場で生じていたことを記述している中で，「『自然

な場面』であると思っていたのが，実は『保育者が作った保育者のいないという不自然な場面』であった」[15]という例をあげています。日常にビデオカメラが入るということ自体が，保育者や子どもにとっては一種の圧力であるのです。このように考えていくと，幼稚園でビデオを撮るという行為の「異物性」[16]が見えてきます。

　もちろん，ビデオカメラの記録の利点もあります。助産の文化人類学者であるジョーダン（Jordan, B.）はビデオ記録の視聴覚的データの利点として，記述できなかったことを記録できること，研究者の記憶に対する客観的なチェックとなること，信頼性の問題にも配慮できることなどをあげています。そのジョーダンも，なお機械によるデータ収集の欠点について次のように述べています。「カメラの後ろに立っているときには，参加観察の"参加"の部分から締め出されてしまうのである。（中略）私はもはや参加していない。私はそれに向かい，見ている。おまけに，私は技術的な手段を通してそれを見ている。私の心を占めているのは出産の達成ではなく，出産の視覚的記録の達成である。私の注意を占めている問題の性格は変化した。」[17]　ビデオ記録の同一のできごとを何度も繰り返し見ることができるという特徴を子ども理解に活かす「道具」とするためには，それがどのような状況で撮ったものであるかに対する繊細さが必要なのです。

（2）発達検査・知能検査

　子どもを理解する道具として，知能検査や発達検査という道具もあります。

　それぞれ，子どものある能力や発達の状態について，標準化という手続きをとってつくられた基準にあわせて，子どもの特徴をとらえることができます。

　発達や知能の状態について数値でとらえることができるため，その結果を正しいもの，固定したものととらえがちですが，もちろんそんなことはありません。診断して，その子どもがこれしかできないと理解するのではなく，ある数字が示しているのは何であるのかをよく理解しておくことが必要です。どんな発達検査も知能検査も，ある「特定の能力」についてはかったものです。その

検査が何をはかっているのか，よく検討してください。

そしてまた，そのときの結果は，検査した時点でのことです。子どもは日々変化していく存在です。この子はある検査の結果が低いから特定のことができない，と判断し固定的な能力で見てしまうことを決してしないでください。ヴァン・マーネンはこのように述べています。「ひとたび私が，一人の子どもを『注意欠陥障害』と呼んだり，一人の子どもを『問題行動』あるいは『低学力の子ども』としてみたり，あるいは，私がその子を特別な『学習スタイル』特定の『認識のし方』を持っている子どもと見なすと，私はすぐに，その子に特定の教授法，あるいは行動療法なり医療的解決を求めて，専門的な技巧を探そうとする。ここで起こることは，私が真にその特定の子に耳を傾け，見つめようとする，その可能性を無視することである。その子を，本当の囚人のように，抑圧的なカテゴリー化された言葉で扱うようになる。子どもたちを技術的，診断的あるいは道具的言語で取り扱うことは，実際のところ，精神的遺棄とも言える。」[18]

検査はしないほうがよいかというと，そうではありません。子どもの今をきちんと把握し，その子どもが今どの方向へ成長しようとしている状態であるかを考えることは保育における子ども理解として重要です。そのとき，2章や3章で見てきたような子ども観・発達観も参考にしてください。また，9章において述べられている専門家や専門諸機関との連携，対話の中では検査が1つの道具となることも多くあると思います。

最後に，エピソード2を思い出してください。ある子どもが育っていく方向性を理解しておくことは，保育としての子ども理解に必要なものでした。発達の道筋を理解し，見通しを持つ，という子ども理解に必要なことを，発達検査や知能検査を参考に学ぶことができます。けれども，あくまでもその結果をその子をあらわすすべてであると理解するのではなく，保育者は「発達する子どもの全体的存在を見守っている人」[19]であり，そして子どもとともに世界と出会う人であること，関係論的に子どもが育っていく存在であることを尊重することを忘れないでください。

第 4 章　子ども理解の方法について学ぼう ● *83*

――――――――――― 引用文献 ―――――――――――

1) 吉村真理子『3歳児の保育』ミネルヴァ書房，1999年，107-109頁。
2) 津守　真『子ども学のはじまり』フレーベル館，1979年，84-85頁。
3) 宇田川久美子「『共に』の世界を生み出す共感」佐伯　胖編『共感　育ちあう保育の中で』，2007年，79-80頁。
4) 佐伯　胖『幼児教育へのいざない：円熟した保育者になるために』東京大学出版会，2001年，8頁。
5) 同上，6-7頁。
6) やまだようこ「人生を物語ることの意味：ライフストーリーの心理学」やまだようこ編著『人生を物語る：生成のライフストーリー』ミネルヴァ書房，2000年，4-5頁。
7) 佐伯，同上，10頁。
8) 刑部育子「学びと育ちの相互作用：保育の場における子ども・保育者・研究者」『発達（[特集]子どもを見る目）』Vol24，No95，2003年，26-33頁。
9) 宮崎清孝「解題　視点から声へ：対話的な教育の開発に向けて」宮崎清孝・上野直樹『視点　新装版』東京大学出版会，2008年，205-219頁。
10) Wells, G. (2000) Dialogic inquiry in education: Building on the legacy of Vygotsky. Lee, C. D. & Smagorinsky, P. (Eds.) Vygotskian perspectives on literacy research: Constructing meaning through collaborative inquiry. Cambridge University Press.
11) 例えば『発達』64号，1995年における「物語るものとしての保育記録」の特集を参照。
12) ブルーナー，J.，岡本夏木・吉村啓子・添田久美子編訳『ストーリーの心理学：法・文学・生をむすぶ』ミネルヴァ書房，2007年。
13) 秋田喜代美「レッジョ・エミリアの教育学：幼児の100の言葉を育む」佐藤　学・今井康雄編『子ども達の想像力を育む：アート教育の思想と実践』東京大学出版会，2003年，73-92頁。
14) エマーソン，R.，フレッツ，R.，ショウ，L.，佐藤郁哉・好井裕明・山田富秋訳『方法としてのフィールドノート　現地取材から物語作成まで』新曜社，1998年，39頁。
15) 鹿嶌達哉「保育の現場から：具体性と研究との対話をめざして」『発達（[特集]日常からの発達心理学：発達研究における具体性の復権）』Vol18，No67，1996年，8-14頁。
16) 宮崎清孝「AV機器が研究者によって実践に持ち込まれるという出来事：研究者の異物性」石黒宏昭編『AV機器をもってフィールドへ：保育・教育・社会的実践の理解と研究のために』新曜社，2001年，47-73頁。
17) ジョーダン，B.，宮崎清孝・滝沢美津子訳『助産の文化人類学』日本看護協会出版会，2001年。

18) ヴァン・マーネン, M., 岡崎美智子・大池美也子・中野和光訳『教育のトーン』ゆみる出版, 2003 年, 53 頁。
19) 同上, 54 頁。

・・・・・・・・・・・・・・・・・・・・・ 参考文献 ・・・・・・・・・・・・・・・・・・・・・

石黒宏昭編『AV 機器をもってフィールドへ：保育・教育・社会的実践の理解と研究のために』新曜社, 2001 年。
ヴァン・マーネン, M., 岡崎美智子・大池美也子・中野和光訳『教育のトーン』ゆみる出版, 2003 年。
鯨岡　峻・鯨岡和子『保育のためのエピソード記述入門』ミネルヴァ書房, 2007 年。
佐伯　胖編著『共感　育ち合う保育のなかで』ミネルヴァ書房, 2007 年。
津守　真『子どもの世界をどうみるか　行為とその意味』NHK ブックス, 1987 年。
森上史郎・浜口順子編『新・保育講座　幼児理解と保育援助』ミネルヴァ書房, 2003 年。

第5章
子どもの内なる世界をみつめてみよう

本章のねらい

　子どもは，どんな世界に生きているのでしょうか。その世界を見つめるためには，まず，子どもの姿を見つめることが大切です。しかし，子どもの姿を，ただ外側から見ているだけでは，子どもの世界を見ることはできません。なぜなら私たち人間は，外側だけでは見えない内側の世界を持っています。それは，心の中の世界であり，目には見えない「内なる世界」なのです。しかし，この目には見えない内なる世界を見つめることこそ，子どもを理解する上でとても重要なことなのです。そこで，本章では，幼い子どもの頃に感じていたこと，考えていたことを思い出しながら，目には見えない子どもの内なる世界がどのような世界であるのかを考えていくために，以下の視点から学んでいきましょう。

① 心の中の活動とその理論について学びましょう。

　目に見えない心の活動について，子どもはいつ頃から理解できるのかについて学ぶとともに，それに関連する理論を通して，子どもの心についての理解を深めましょう。

② 子どもの心の世界について学びましょう。

　「つもり」の世界や「内緒」・「秘密」の世界にふれながら，子どもの心の世界のあり方について考えましょう。

③ 子どもの表現する世界について考えましょう。

　おとなの視点と子どもの視点の違いを通して，子どもが表現している世界について理解を深めましょう。

第1節　子どもの心についての理解

（1）心の中の活動

　私たちは，日常的にうれしい，楽しい，悲しい，怖いなどと感じたり，何かについて考えたり，思ったりすることがあります。しかし，この感じたり，考えたり，思ったりすることは，目には見えない内側の世界（内なる世界）であり，心の中で行われていることです。

　心とは，「人間の精神作用のもとになるもの，知識・感情・意志の総体，気持ち・心持ち」（広辞苑，第六版）と説明されています。目には見えないのですが，このような「心」というものが存在していることを，私たちは知っています。みなさんも，あたりまえのこととして受けとめていると思います。では，いつごろからこの「心」という目には見えないものの存在や，心の中で行われている活動に気づくのでしょうか。

　まず，感情の発達から考えてみましょう。

　私たちは，さまざまな感覚器官を用いて外界の事物や事柄を知覚するときに，その対象や状況に対して，美しい，悲しい，怖い，うれしい，すばらしいなど，何らかの態度あるいは価値づけをすることがあります。この心的過程が感情です。感情の発達として有名な学説に，ブリッジェス（Bridges, K. M.）の「感情分化説」があります。ブリッジェスによれば，誕生時には未分化な興奮の状態にあったものが，快（上機嫌）と不快（不機嫌）に分化し，その不快から怒り・嫌悪・恐れが生後6カ月の間に分化し，快からは得意・愛情が1歳までの間に分化します。その後，急速な分化によって，およそ2歳までに基本的な感情が出そろい，5歳までにはおとなの持つ感情（例えば，嫉妬・羨望・失望・不安・羞恥・希望など）のほとんどが現れます。すなわち，幼児期までに基本的な感情の分化がほぼ完成することになります。このブリッジェスの学説は，感情の発達研究の土台となり，多くの文献に引用されていますが，その後の研究では，新生児の表情を詳細に分析する方法が開発され，快の感情の現れである

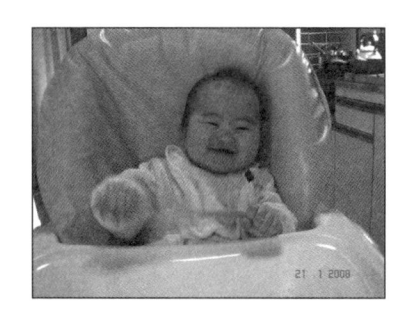

微笑反応は，生後まもなく観察されるという結果が報告されています。生後まもない子どももすでに，嫌悪・興味・満足などを表出しており，いくつかの基本的な感情が存在しているという指摘もなされており[1]，最近では，ブリッジェスの学説よりも早く分化・発達することが明らかになっています。

　このような心の中の活動について，「ことばが現れ始めて間もない生後2〜3年目の段階からすでに，幼児が積極的に自分の内的状態にかかわる語を使用し得ることを見出している」[2]と説明されているように，言葉を話しはじめる2歳前後の段階から，子どもは心の状態について，言葉を用いて表現するようになります。また，叱られたときに悲しい気持ちになるということやほしいおもちゃが手に入ったときにはうれしい気持ちになるという，そのような心の状態があるということを，2歳代にはほぼ理解しているといわれています。

　さらに，次のように，自分の心の状態ではなく，他者の心の状態についても話すようになる姿が見られます。

　なつこ（3歳4カ月）は，友だちにたたかれている友だちを見ながら，「あの子，いやだっておもってんのに。やめてよ，って言えばいいのにねえ」[3]といっています。

　友だちが嫌だと思っていることは，目には見えない他者の心の中で起きている活動ですが，なつこは，その活動を推測していることがわかります。このような感情に関する他者の心の中で生じる活動については，「2，3歳の頃から次第に，他者自身の欲求や解釈に基づいて，その人の感情がひきおこされていることに気づいていく」[4]といわれています。他者の感情は他者の内側で生じて

いることであり，自分の中で生まれているものとは違うものであることに気づき始めるのです。保育園2歳児クラスでも，友だちが泣いていると，その友だちの頭を撫でたり，どうしたのだろうという表情で見つめる子どもの姿，ときには自分の持っているおもちゃを差し出して譲ったりする子どもの姿が見られます。

　自分が悲しいのではなく，他者が悲しい状態であることがわかっている証しです。木下孝司はRという次男の観察記録の中で，Rが1歳8カ月28日のときに「兄が手にけがをしたことを『アタタッテ（"いたいって"）』と報告したりするようになっている」[5]と述べ，「何らかの心的状態をもった行為主体として，自己と他者を捉え始めていることを物語るものである」[5]と説明しています。R自身が痛いわけではなく，兄が痛い状態にあるという自分ではない他者の心の中で生じている活動を，Rが気づいているということがうかがわれます。つまり，それは，自分と他者の心の中の活動には違いがあるということを理解しているということでもあります。

　このように，うれしい，悲しい，淋しい，痛い，嫌だなどという感情に関する心の中の活動については，早い段階から他者の心の中の活動に対する理解が進んでいることがわかります。では，他者が考えていることについての理解は，同じような段階から発達しているのでしょうか。次に，実験的に行われたひとつの理論をご紹介しましょう。

（2）他者の考えていることへの理解：「心の理論」について

　繰り返しになりますが，心というものは，目で見ることのできないものです。しかし，私たちはその存在を認識し，他者が感じていることや考えていること，思っていることを推測することができます。

　なぜ，推測できるのでしょうか。遠藤利彦は，心の存在について次のように述べています。「心というものは，直接目で捉えることのできないものである。その存在は，そこから発せられる情報を通じてのみ間接的に知られ得るという性質を有している。そして厄介なことに，心が発する情報は実に複雑多岐にわ

たるものであり，どのような視点からどのような情報に着目するかによって，当然，その了解の仕方はかなり異なったものになることが想定される」[6]。遠藤が説明しているように，私たちは，心が発しているさまざまな情報を通して，目には見えない内なる世界を見つめているのです。先の感情の場合には，それを理解する情報として，泣いているとか悲しそうな顔をしているとか，うれしそうな表情をしているなど，外から観察可能な情報があり，それを手がかりに理解することが比較的容易にできます。しかし，「厄介なことに…」と遠藤が述べているように，そのままの思いが表出されているのではなく，複雑に重ね合わされている場合もあります。ときには，「ふり」をしている場合もありますから，理解するには，さらにその裏をよみとらなければならないことがあります。遠藤が指摘するように，確かに，とらえ方によって人の理解のしかたにも違いが生じます。

　最近，子どもが加害者となる悲しい事件の報道が後を絶ちませんが，その報道を目にするたびに，子どもの内なる世界が，固く閉ざされていることに気づかされます。「なぜ，どうして，あの子が…」というおとなの声があります。子どもの考えていることがわからない，と嘆くおとなの姿があります。そこには，おとなに見えていない子どもの内なる世界があります。そして，視点の違いによって，見えなくなっているものがあることにも気づかされます。

　「見かけだけではわからない」と，人の心の複雑さに納得される方もいるかもしれません。人の心を見つめることは，そうたやすいことではないともいえるでしょう。しかし，見えない内なる世界を見つめることこそ，子どもを理解する上でとても重要なことであると，「本章のねらい」において記しました。

　そこで，このような見えない他者の内なる世界を理解していく手がかりとして，幼い子どもでも理解できる方法によって考え出されたひとつの実験を紹介しましょう。その実験を通して，子どもが他者の心の中で生じる活動をどのように理解しているのかについて，考えてみましょう。

　ウィマー（Wimmer, H.）とパーナー（Perner, J.）は，次のような「誤った信念（false belief）課題」とよばれる実験を行いました。方法としては，子どもに

も理解しやすいようにと，人形劇などによって，子どもにお話しを聞かせる方法で行われました。

＜誤った信念課題＞

「マクシは，お母さんの買い物袋をあける手伝いをしています。マクシは，後で戻ってきて食べられるように，どこにチョコレートを置いたかをちゃんとおぼえています。その後，マクシは遊び場に出かけました。マクシのいない間に，お母さんはチョコレートが少し必要になりました。お母さんは＜緑＞の戸棚からチョコレートを取り出し，ケーキを作るために少し使いました。それから，お母さんはそれを＜緑＞に戻さず，＜青＞の戸棚にしまいました。お母さんは卵を買うために出ていき，マクシはお腹をすかせて遊び場から戻ってきました。」[7]

この課題を見せた後に，「マクシは，チョコレートがどこにあると思っているでしょうか」という質問を子どもにします。さて，子どもはどのように答えると思いますか。

まず，みなさんの答えはどうでしょう。＜緑＞の戸棚だとなんなく答えるでしょう。しかし3歳から4歳の子どもは＜青＞と答え，ほとんどが正しく答えられないという結果が示されました。そして，4歳から7歳にかけて正解率が上がるというデータが報告されています。そして，なぜ，青を選ぶのかを聞いてみると，青の戸棚にあるから，あるいはお母さんが入れたからなどと答える子どもがいます。確かに，チョコレートは，今，青の戸棚に入れてありますが，チョコレートを別の戸棚に移し替えたお母さんの姿をマクシは見ていない，ということに考えがおよんでいません。正しく答えられなかった子どもには，目の前で行われた事実が優先され，今，チョコレートがしまってある戸棚の色の方が正しい答えになっているのです。マクシの立場に立って，マクシは移し替えられたチョコレートの場所を知らないという視点から答えることができず，自分の知っていること（これをこの実験では，「信念」とよんでいます）によって答えているのです。

一方，この課題によって，子どもが「＜緑＞の戸棚」と答えることができれば，マクシの「誤った信念課題」を正しく推測することができたということになります。そして，このような課題に正しく答えることができるということは，今，マクシが知らないことをマクシの立場に立って理解し，どのようにマクシが行動するかを予測することができたのだと考えたのです。さらに，このように推測することを「心の理論」とよび，正しく答えられるようになると，「心の理論」を獲得したと説明したのです。そして，これらの実験から，「心の理論」の出現の時期は，およそ4歳児からと考えられています。

　おとなにとっては，何でもないことですが，子どもにとっては，マクシが知らない状況にあることを理解し，その立場で行動を予測することは，とても難しいことであるといえます。つまり，このような「心の理論」が獲得されているということは，他者の視点に立って，その状況の中で他者が理解し考えていることを予測し，そこから他者の行動を推測することができるようになるということなのです。

　この「心の理論」は，先のウィマーとパーナーの実験 (1983) に先立ち，プレイマック (Premack, D.) とウッドラフ (Woodruff, G.) が，チンパンジーの欺き行動に注目して，このような行動を「心の理論」という考え方で解釈することを提唱したことが原点にあります。

　子安増生[8]は，「心の理論」を次のように説明しています。「Premack らによれば，他者の目的・意図・知識・信念・思考・概念・推測・ふり・好みなどの内容が理解できるのであれば，その動物または人間は『心の理論』をもつと考えられる。ここで，『理論』という言葉が使われた理由は，次の2点によるものである。(a) 他者の心の状態は，直接に観察できる現象でなく，科学理論のように推論に基づいて構成される性質のものであること。(b) 他者の心についての理論を構成すれば，科学理論がさまざまな現象の生起を予測しうるのと同じように，それに基づいて他者（他の動物）の行動をある程度予測することが可能になること」。

　このように，他者の行動を予測できるようになることを，心の理解ではなく

「心の理論」と名づけた背景には，上記のような考え方があるのです。私たちは，手に持っていた物を離すと，それが下に落ちるということを知っています。なぜでしょう。経験的に知っているといってしまえばそれまでですが，知識として「引力の法則」を私たちが知っているということがあります。この引力の法則に基づいて考えたとき，手を離した後の状態を私たちは，推測することができるのです。これと同じように，「心の理論」を獲得することによって，他者の目的や意図，信念などという目には見えないものも，一定の行動や他者の知っている状況などを手がかりに推測することができるのだと考えたのです。

1章で紹介した「いのうえさん」という1年生の男の子が書いた詩を思い出してください。「いわおくんもすきやったらどうしよう」という表現の裏側には，「もしかしたらいわおくんは，いのうえさんのことがすきかもしれない」と推測している心の動きのあることをお話ししました。いわおくんの視点に立ったとき，そう感じさせる何かがこの男の子の中にあったからこそ，このような詩が生まれたともいえるでしょう。他者の視点に立って，他者の考えていることを推測するときの大切な理論のひとつ，それが「心の理論」なのです。

人間行動のすべてを「心の理論」で説明しようとすると無理があるかもしれませんが，なぜ，私たちが人の心の活動を推測することができるのかについて考えるための，ひとつの手がかりをこの理論は示唆しているといえます。

さらにこの信念課題については，その後パーナーとクレメンツ（Clements, W.）が，子どもの視線の動きを観察することによって，3歳の間に誤った信念課題が潜在的に理解できる段階があるのではないか，という結果を報告しています。この実験の課題は，次のようなお話しです。

「ネズミのサムは，チーズをお腹いっぱい食べ，残りを＜青い箱＞にしまった後，穴のなかに入って昼寝をした。サムが眠っている間に，ケイティがやってきてサムのチーズを見つけ，それを反対側の入口の近くの＜赤い箱＞に移した。そして『友だちに会いに行こう』と言って，その場を立ち去った。しばらくすると，サムが昼寝から起きてきて伸びをし，『お腹がすいた。チーズを食べよう』と言った」[9]。

このお話しの後,「サムはどこをさがすでしょうね」と実験者が子どもに聞いたときの,子どもの視線の動きを分析しています。その結果,3歳の子どもの視線が,正しい答えの方に向けられていたという結果が示され,それは,潜在的に理解している可能性を示唆しているのではないかと考えたのです。
　一方,言葉で正しい答えがいえた場合には,顕在的な理解が可能であると考え,「従来型の誤った信念の顕在的な理解は4歳にならないとできないが,子どもの視線の動きで判定する他者の信念の潜在的な理解は,およそ3歳頃からできるようになる」[10]と示唆しています。視線の向きは,その人が思っていること,考えていること,感じていることを潜在的にとらえるひとつの指標でもあり,他者を理解するときの大切な手がかりにもなるといえます。

(3)「道具的心の理論」と「共感的心の理論」

　前述の潜在的理解の実験には,大切な示唆があります。それは,言葉の理解ということです。視線の方向から感じとっている可能性のある3歳の子どもが,なぜ,言葉によっては,誤った答えをしてしまうのかを考えたとき,課題に対する質問の内容をどこまでしっかり把握できているかの問題があります。佐伯胖は,この「心の理論」の年齢による正答の違いについて,次のような批判をしています。
　「言語能力が発達した五,六歳児は,大人が言葉でなにかを説明しているとき,『語られていること』に集中して,『語られていることの範囲内で言えること』の意味を把握しようとし,それが『できる』。この場合は,『語られている世界』を,いまここにいる自分とは切り離し,自分は『観客』(ないしは観察者)として対象の世界を『分析』するのである。ところが三,四歳児にとっては,言葉は状況的理解の補助(ヒント)でしかない。その状況は,むしろ自分の活動のなかで『からだ』でわかるし,似たような場面で過去にどういうふるまいをしたかという習慣ないしは経験の延長で理解してしまう(そのため,『早とちり』も起こりかねない)。この場合の理解は,『自分がその場に臨んでいる』気になっての理解であり,『共感』をベースにした『わたくしごと』としての理解

である」[11]。

　佐伯の批判は，誤った信念課題と取り組む3歳児の気持ちを考えたとき，3歳児にとっては，今，チョコレートのしまってある場所を伝えたい，自分が知っている場所を答えたいという気持ちが優先されてもしかたがないという指摘だといえます。「誤った信念課題」という劇の中のできごとを，自分ごととして受けとめている3歳児の姿が，そこにあると考えられます。この佐伯の批判を考えたとき，他者の視点に立って考えることが，「心の理論」の結果が示すように，3歳児には理解が難しいとはいい切れない状況にあることがわかります。

　そして，このことは，1章でお話しした，パンツを買ってほしいと願った3歳のエリちゃんのエピソードにつながります。もう一度，思い出してみてください。忙しくしている父親のことを思い，パンツを買ってほしいとせがむことのできなかったエリちゃんがとった行動は，うそをつくことでした。しかし，そこには，他者の気持ちを思いやる心が存在していました。それは，父親との関係の中で状況的にエリちゃんが理解したことであり，佐伯が述べる「共感をベースにした『わたくしごと』としての理解」といえます。

　このように，「心の理論」は，外からは見ることのできない他者の意図や信念，願望などの心的状態を，他者の立場でとらえ，推論することができるかどうかを実験的に分析しています。重要な提言ですが，子どもを理解する上では，佐伯の指摘も重要です。そして，佐伯は，心の理論について，実験的にとらえた心の理論を「道具的心の理論」[12]とよんで，次のように批判を加えています。

　「心理学実験で取り上げられてきた従来の『心の理論』は，他者の『心』をクールに対象化し，場合によっては『だまし』たりすることに使われる『心の理論』である。『他人が何を考え，どのような感情をいだいているのか』についての『認知』のもととしての『心の理論』である。他人の判断や知覚，感情について，まさに『他人ごと』として正確に把握する能力を問題にしているわけである。こういう『他者の心』を正確に認知できることは，他者の行動を予測したり，他者と協力しあったりするためには必要な能力であろうが，あくま

で，他者とうまくやっていくというための『道具』としての『他者の心の認知』である」[13]。

一方，3歳ごろまでの子どもにとっての他者の心の理解ついては，次のように説明しています。「明らかに，他者の認知や感情を『自分ごと』として経験するという，文字どおりの『同情』や『共感』である。『あなたが悲しいなら，わたしも悲しい』，『あなたがうれしいなら，わたしもうれしい』というような，『ともに感じる』ことで『他者の心』がわかる，というものである。他者の心の理解を自分の行為の道具にするのではなく，他者の気持ちに『なる』という，『共感』によって，他者の心を『自分ごととして』理解するのであるから，『共感的心の理論』と呼ぶことにする」[14]。

他者との関わりの中で，私たちが他者の気持ちを思うときには，佐伯流に述べれば，「共感的心の理論」が作用しているといえます。「悲しそうだ」「淋しそうだ」「不安そうだ」「うれしそうだ」「楽しそうだ」と，他者の気持ちを思い，そっと慰めてあげたくなる気持ち，困っているときには手を差しのべたくなる気持ち，ともによろこび拍手したくなる気持ちというような，ともに感じ合う気持ちがそこにあります。そういう感情に関わる心の中の活動は，本章1節(1)の「心の中の活動」においても，早い段階から他者の心の活動に対する理解が進んでいることを述べましたが，3歳頃までには育っているということがわかります。

また，次のような木下のエピソード[15]からは，他者の心の中の活動を状況的によみとる姿が，2歳代にもみられていることが考えられます。

> **エピソード 1　おかーさん，しってる**
>
> 　Rが2歳9カ月14日の時。母親の実家に帰省中のこと。兄Jと祖父が，Rには内緒で釣りに行きます。しばらくして，Rは2人がいないことに気づき，母親に「ジーチャン，ドコ？」などとたずねます。しつこく聞いてくるので，母親はRを連れて，わざと2人がいないあたりを探し回り，「いないね，おかしいね」と知らぬ顔をしていました。すると，Rは「オカーサン，シッテル」と語気を強めて抗議するのでした。

Rは，母親の様子から本当は兄と祖父の居場所を知っているのではないかと感じとり，母親が知っているのに隠しているということを推測し怒っています。木下は「2人の居場所を知っている他者（母親）の心的状態と知らない自己の心的状態の対比，ならびに知らないそぶりをする母親の表面的な言動のその裏にある母親の真意の対比，という二重の対比がなされているように思う」[16]と，述べています。このように，目に見える他者の行動の裏側をよみとるという，少し複雑な他者の心の中の活動についての理解も，2歳代という早い段階から獲得されていることが考えられます。しかし，その理解は，日常的な生活文脈の中で，自分ごととしてとらえることのできる状況に身をおいているからこそ，できることなのです。佐伯が「道具的な心の理論」と批判した「誤った信念課題」は，子どもにとって，日常とは切り離された状況下の課題であり，「自分ごと」ではなく「他人ごと」として把握する能力をとらえているといえます。3歳頃までの子どもにとっては，まず，自分ごととして，その世界をとらえることが優先され，他人ごととして頭の中で考えることは難しいことだといえます。それが，「4歳頃になると，自分の日常とは切り離された仮想的な状況においても他者の誤った信念を概念的に推論することができるようになってくる」[17]ということが考えられます。

3章（3節（1））で紹介されたイストミナによる記憶の実験を覚えているでしょうか。「幼稚園ごっこ」や「お店屋さんごっこ」という子どもにとって入りこみやすい状況下での記憶は，ただ暗記するよう指示されるよりもずっと記憶力が増していることが説明されていました。それは，まさに自分ごととして課題とむかいあったからこその結果といえるでしょう。覚えることの必然性がそこにはあったのです。3章における記憶課題と本章の誤った信念課題には理論的な背景に違いがありますが，そこには，「自分ごと」としてむかい合い考えるという，子どもの共通な姿をよみとることができます。

第2節　子どもの心の世界を見つめる

(1)「つもり」の世界

　次に，子どもの心の世界を見つめるために，子どもの考えていること，思っていることを，具体的なエピソードを通してさらに考えてみましょう。

　日々の生活の中で，「そんなつもりでやったのではないのに」あるいは「そんなつもりで言ったのではないのに」と，そんな体験をされた方は，みなさんの中にもきっといると思います。この「つもり」とは，どういうことでしょうか。「つもり」とは，辞書的には「心組み，考え，意図，心算」（広辞苑，第六版）という意味を持ち，ひとつには，予定や計画，意図や決意を表す意味で用いられます。また，「バスに乗ったつもりでバス代を寄付しよう」というように，現実とは違う状況を実際のことと仮定したり，そのように思いこもうとする意識を表現する場合もあります。ですから，この「つもり」も，目に見えない内なる世界，心の世界をさしています。では，この「つもり」の世界について考えていくことにしましょう。

　ここでは，ふたつのエピソードを紹介したいと思います。ひとつ目は，今井和子[18]が，長い保育者体験の中から綴ったエピソードです。

> **エピソード 2**　ぬいぐるみをびしょびしょにしたユウヤ
>
> 　ユウヤ（2歳4カ月）が，トイレの流しにスヌーピーの人形と布を持ち込み，びしょびしょにぬらしていたので，私（保育者）があわてて「ユウヤくん　それはぬらさないで」ととりあげ，人形をしぼりながら「こんなことしたらスヌーピーだめになってしまうのよ」と注意します。持っていたスヌーピーを突然とりあげられたユウヤは「ちゃうの，ちゃうの」（違うの）とおこって，私をたたき続け，スヌーピーをテラスに干し終わっても，泣いて保育者の後ろを追い続けるのでした。
>
> 　そんな二人の様子を見ていた別の担任が「そうだ，そういえば，さっきユウヤくん，スヌーピーをだきながら，"スヌーピー，ウンチ出ちゃった"って言ったような気がする」と話してくれました。彼はいつもパンツにうんちをしてしまい，そのたびにトイレの流しでおしりを洗ってもらっていました。自分のことをスヌーピーに演じさせ，本人はおしりを洗ってあげる保育者になったつもりで，スヌーピーのおしりをびしょびしょにぬらしていたようです。「そうか　ユウヤくんはスヌーピーのおしりを洗ってあげていたの」と私がユウヤに確かめると，はじめて泣きやんで，こくんとうれしそうにうなずくのでした。

　ユウヤからスヌーピーのぬいぐるみを取り上げたときの保育者は，ぬいぐるみをびしょびしょにして遊ぶなんて，なんと困ったことをしてくれたのかと，その行為をいたずらとしてとらえています。しかし，ユウヤのつぶやきを他の保育者から聞き，それがいたずらではなく，彼の想像の世界を映し出していたことに気がつきました。しかもその想像の世界は，自分がいつも保育者にしてもらっていることを再現していたのです。「ちゃうの，ちゃうの」と保育者をたたき，あとを追い続けるユウヤの心の中には，「スヌーピーがウンチをしたのをきれいにしてあげていたんだ。いつも先生がぼくにしてくれてるじゃないか」と，いたずらじゃないことを一生懸命にうったえていたユウヤがいたのでしょう。

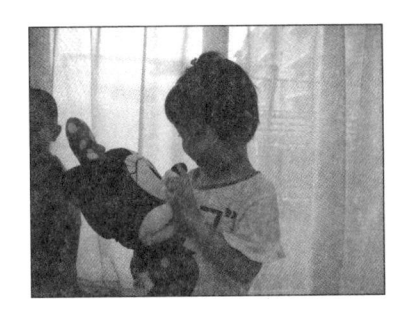

今井も「『そうかあ，ユウヤくんは，スヌーピーのおしりを洗ってあげていたのね』と言うひとことが，どれほど彼を喜ばせたか，そのときのユウヤの表情を私は忘れることができません」[19]と語っています。こくん，とうなずいたユウヤの姿を思うとき，そこには，保育者が「つもり」の世界を受けとめ，自分の内なる世界を理解し，共感してくれたことに対するよろこびが映し出されています。今井は，「ユウヤのつぶやきがなかったら，またそれを聞きとめる大人がいなかったら，私は，ユウヤのひとりあそびの世界を，困った行為として処理してしまうところだったのです」[20]とも回想しています。保育者になったつもりでスヌーピーとむかいあっていたユウヤの「つもり」の世界には，「先生を困らせないように，ウンチをしないようにしなくちゃ」あるいは「先生ありがとう」という，そんな思いもこめられていたかもしれません。子どもが，今，どのような「つもり」の世界に身を置いているのか，立ち止まって考えてみることの重要性を感じます。

　もうひとつのエピソード[21]は，15年もの歳月が経過した小学生のエピソードですが，そこには，今にも通じる見落としてはならない子どもの大切な「つもり」の世界が描かれています。

エピソード 3　パンをゴミ箱に投げつけたケンタ

　給食の時間に友だち2人がパンを投げ合ってけんかを始めました。そのけんかをとめようと間にはいったケンタ（小4）が，「うるせーよ」と応じない2人にかちんときて，落ちていたパンをゴミ箱に向かって投げつけて

しまいました。そこに運悪く先生が教室に入ってきました。事情を説明してもうまく伝わらず，先生からは，「落ちてるパンを洗って食べなさい」といわれてしまいます。けんかの当事者であるふたりは素直に謝ったのですが，ケンタは，「洗って食べよ」という先生に，「確かにパンを投げたのは悪い。でも，落ちたパンなんか食べたらO（オー）157になっちゃう」と反撃をしました。ここにはケンタなりの主張があったのです。というのは，前日，O（オー）157にならないための先生の指導があったからです。しかし，先生は「洗うんだから大丈夫，それより食べ物を粗末にする方が悪い」といって取り合わず，ケンタの反抗的態度のみが浮き彫りにされました。ケンタはいいます。「先生は子どもなんかに負けたくないって思っているんだろうね。『こんな4年生はいない』ってよく言われる。先生も悪いところが少しはあるのに，絶対に認めない」

ケンタには，なぜ自分がパンを投げてしまったのか，その気持ちを先生にわかってもらいたいという思いがあります。ただパンを投げたわけではないのに，パンを投げたその行為のみをとりあげて，「落ちてるパンを洗って食べなさい！」という教師。しかも，前日O-157にならないための指導があったばかりです。「洗うんだから大丈夫，それより食べ物を粗末にする方が悪い」という教師の返答は，ケンタにとって，あまりにも理解のない言葉だったのでしょう。

ケンタにしてみれば，食べ物を粗末にしている「つもり」などないのに，けんかをとめようとした「つもり」なのに，なぜわかってもらえないのかという思いがあります。ケンタは，目にした光景だけで，教師が判断してしまうことへの理不尽さをうったえています。どういう文脈の中でケンタがパンを投げつけてしまったのか，その理由に耳を傾けようとしない教師の姿は，とても悲しいことです。かたちだけの謝罪は，意味をなしません。それを求めることは，ケンタにとっては屈辱にも近いことかもしれません。ケンタが最後に述べている「絶対に認めない」という教師の姿を語るケンタの方が，ある意味では，教

師の視点に立つことをしています。

　ふたつのエピソードから，子どもの行為の背景に何があるのか，その「つもり」の世界をよみとることの大切さを感じとってもらうことができたでしょうか。おとなは，おとなであるというだけで，子どもよりずっと優位な立場にあります。子どもが，今，どんな「つもり」の世界に生きているのか，子どもの内なる世界を見つめることのできるおとなでありたいと，私は願っています。

　津守は「子どもの世界は，神秘的な仕方で大人に伝わるのではない。それは，子どもに応答することによって，一緒に過ごす営みの一こま一こまにおいて，大人によって体験されている。応答するというのは，子どもの行動に対してではない。内的理解の観点からいうならば，行動は心の表現だから私は表現を通して，心に応答しようとするのである」[22]と述べています。心に応答することは，子どもの世界に身をおきながら，肌で子どもの息づかいを感じることでもあるのだと，私は考えています。津守は，理屈を超えて，子どもの今生きる世界を素朴に感じとることの大切さを示唆し，子どもを理解することが決して神業的なことなのではなく，人と人との関わりの深さによって，共振するように伝わってくるものなのだと示唆しているように思います。子どもの「つもり」の世界を理解することは，この心に応答することなのではないかと，私は考えています。

　では，この「つもり」の世界は，いったい，いつごろめばえるのでしょう。

　木下は「生後10ヶ月頃より，子どもたちは，特定の大人との情動的一体感を基盤にして，大人の行為・ふるまいにあこがれ，自らもそれをしてみようとするようになる。その結果，子どもの内面には自分なりの「つもり」が生まれることになる。また，そのことは，それまで大人にしてもらっていた側から，自分からする立場への転換ということも意味する」[23]と述べています。

　「イナイ　イナイ　バア」を思い出してみてください。母親や父親が「イナイ　イナイ　バア」をして見せると，ニコニコと笑って見ていた子どもが，10カ月から1歳前後にかけて，これまで自分がしてもらっていた「イナイ　イナイ　バア」を，今度は自分が顔を隠す側になってやってみせる姿が見られるようにな

ります。また，食べ物を母親や父親の口に持っていって，食べさせてあげようとする子どもの姿も見られます。このように，おとなにしてもらっていた側から，自分がする側になってみるという他者の行為をみずからのものにしていく姿がみられ，このときに子どもの「つもり」の世界が誕生しているのです。

　スヌーピーをびしょびしょにぬらしていたユウヤの遊びも，まさにおとなにしてもらっていた側から，自分からする立場へと転換して生まれた「つもり」の世界であるといえます。このように，「つもり」の世界は，早い段階からそのめばえになるものが生まれはじめていると考えられます。

（2）「内緒」と「秘密」の世界

　「内緒」や「秘密」という言葉から，みなさんは，どんなことを思い浮かべるでしょう。幼い頃を思い出してみてください。「これは内緒だよ」「秘密にしようね」，そういって，友だちと秘密や内緒の約束をしたことはありませんか。秘密は，隠して人には知らせないことであり，内緒は秘密にすることです。この秘密や内緒は，何を意味しているのでしょう。また，どうして，秘密にしたり内緒にしたりするのでしょう。「秘密」と「内緒」の世界から，子どもの心の世界を見つめてみましょう。

　岩田純一は「子どもは3歳頃になると，意図的に嘘をつくことがみられる。ホントを隠すために他者に嘘をつく，他者を欺くといった行動がとれるようになってくるのである。心にないことを言ったり，心にもない表情ができるようになるのである。これは，他者に嘘をついたり，欺いたりしてまで守るべき自己の内緒の世界が成立してきたことの証である」[24]と述べています。内緒や秘密の世界が成立する背景には，自分の知っていることをいわないで隠す，知らないふりをすることができるという，うそをつくことの自覚があり，それができるようになることは，言葉の発達とも深い関わりを持っています。「ホントとは違うウソッコの世界（虚）を生み出すことばの働きに自覚的になってくる」[25]からこそ，うそをつくことができるのです。そう考えると，うそをついたり，内緒話をしたり秘密をつくったりすることは，ひとつの子どもの育ちの

証でもあるといえます。

　幼稚園や保育園で蓋のしまっている箱や中身の見えない袋をかかえている子どもに，「何が入っているのかな」とたずねると，「内緒」という言葉が返ってくることがよくあります。また，箱を重ねたり，粘土を丸めたりしながら何かをつくっているときにも，「何をつくっているのかな」とたずねると，「内緒」といわれることがよくあります。たずねた相手に知っていることをいわずに隠すことは，自分の心の中にしまっておくという内なる世界が意識されていることを意味しています。このような内緒や秘密を持つということが意識されてくるのは，3歳前後あたりからだといわれています。まさに，言葉が育ってきている時期と重ね合わされます。

　また，岩田は「特定の誰かだけに情報を教えたり知らせるために内緒話をする，声をひそめて小声で耳打ちするなどといった発話エピソードがみられるのは，5歳近くになってからである」[26]と述べ，さらに「知られないように内緒話をする，見せないように隠すといった行動は，他者がもちうる知識を操作しうることのより自覚的な理解を示すものであろう」[26]と説明しています。自分だけが知っていることの優越感と他者が知りたがっていることへの期待感が，そこにはあるのだと思います。そして，知っている自分と知らない他者という自他の心の中の違い，認識の違いということを理解しているからこそ，内緒や秘密を楽しむことができるのだと考えられます。

　このように内緒や秘密にすることは，自分だけあるいは自分たちだけが知っていることであり，優越感やワクワクするような思いが潜んでいます。そして，

その秘密を知ってもらいたくなる，いいたくなるような気持ちも，その裏に潜んでいるときがあります。

> **エピソード 4　ないしょだよ**[27]
>
> 　Rが，3歳2カ月での出来事。兄が幼稚園に行っている間に，兄には内緒で母親とアイスクリームを食べたとのこと。それをその日の夜，私にこっそり　教えに来ます。その際，私の耳元に口を近づけ，ささやき声で伝え，「ないしょだよ」ともいいます。その様子を見た兄が，「あーっ，なになに」と近づいてくるや否や，Rは「アイスたべたもんね」，と自慢っぽく，また兄を挑発するかのようにいうのでした。

　Rは，アイスクリームを母親と食べたという今日のできごとを，父親に，内緒ごととして話しています。しかし，そこには，そのことを知らない兄に知らせたいという裏腹の気持ちも潜んでいます。何だろうと問いかける兄の姿に，内緒にしきれずに「アイスたべたもんね」ともらしています。「内緒だよ」とささやかれた父親にしてみれば，「あれ，内緒じゃなかったのかな」といいたくなってしまうでしょう。しかし，そのもらし方は秘密のできごとに対する他者の羨望を受けて，さらに優越感に浸る自慢げなRの姿が映し出されているようにも思われます。

　木下は「＜私の心＞にしかないものがある。それは自分の内にあるからこそ，その地位を保つことができるのですが，＜私の心＞にしかないものだから

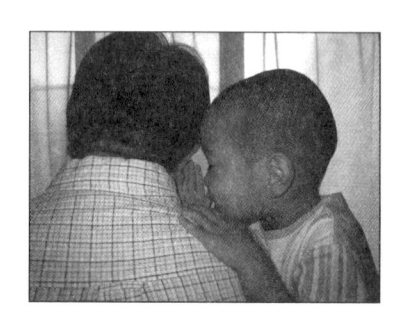

こそ他者に伝えたい。＜心＞を隠すことは＜私の心＞と＜他者の心＞の間の距離をとることです」[28]と述べています。自分の内緒や自分だけの秘密を持つということは，自分の心と他者の心に距離をとることができることであり，自分の心の中にあることを隠している自分がいることを意識していることでもあります。つまり，自分の内なる世界が意識されていることの証です。また，他者に隠している自分のいることと，他者に表す自分とがいるという，内と外との世界が認識されていることの証でもあります。

第3節　子どもの表現する世界を見つめる

(1) 子どもの視点とおとなの視点

　さて，今度は子どもの表現している世界にふれてみたいと思います。子どもの表現の中には，子ども独特の判断や想像の世界が反映しています。しかし，その映し出された行為や言葉の表現をどのようにとらえるかは，子どもの視点とおとなの視点による違いがあります。子どもの考え方や見方について理解するために，子どもの視点とおとなの視点の違いについて考えてみましょう。

　次のエピソードは，自分の体験を保育者に話している男の子の姿が描かれています。この男の子が表現している様子を，みなさんはどのようにとらえるでしょう。

エピソード5　カステラがのんじゃった[29]

カステラって　コーチャのものはやいよ
(どうして)
ぼくコーチャのんでて　カステラのおさらに
ポタポタって　たらしたら
スーッと　カステラがのんじゃった
だからぼく　カステラのおさらに
ちょっぴりずつ　ちょっぴりずつ

> なんかいも　コーチャ　こぼしてみたの
> あんまりいっぺんにこぼすと　のみきれなくなるよ
> こないだ，ビスケットにのませてみた
> カステラよりすきじゃなかった　でも　ちっとはのんだよ
> きのう　おせんべいにのませたけど
> おせんべいは　のまない
> でも　ママは，もうコーチャ　あげないっておこってた
> いたずらする子は，コーチャのまないでお水にしなさいってさ
>
> 　　　　　　　　　　　　　（　　）内は担任の保育者のことば

　さて，あなたがもし，この男の子の話を聞いている担任の保育者だったとしたら，「いたずらする子は，コーチャのまないでお水にしなさいってさ」と男の子がいった後，なんと答えるでしょうか。まず，あなたの答えを考えてみてください。この男の子への返答を出してから，次に進みましょう。

　母親は，男の子の行為を，あきらかに子どものいたずらとしてとらえています。せっかくおやつとして用意したカステラやビスケット，おせんべいにポタポタと紅茶を垂らしている子どもの姿は，いたずら以外の何物でもなく映ったのでしょう。食べ物にそんなことをしてどうするつもりなのかという，困った行為でしかなかったのでしょう。確かにせっかくのおやつが台無しです。母親の気持ちもわかります。しかし，これは，おとなの視点です。

　子どもの視点に立ってみましょう。カステラを食べようとしたら，紅茶が少しこぼれたのかもしれません。スーッと染みこんでいくその様子に，自分からポタポタと紅茶を垂らしてみたくなったのかもしれません。垂らしてみると，みるみるうちに染みこんでいくではありませんか。しかし，一度にたくさん垂らすとうまく染みこまないことも，何度か繰り返すうちに発見しています。そして，ビスケットだったら，おせんべいだったらと，試しています。ビスケットは，紅茶ほどスーッとは染みこみませんが，でも染みこみます。おせんべいは，カステラやビスケットと違ってうまく染みこみません。

一生懸命に試している子どもの姿が目に浮かんできませんか。そして，その体験を保育者に話すとき，カステラの浸透は，「のむ」という言葉で表現され，浸透の度合いは，ビスケットの場合には「カステラよりすきじゃなかった　でも　ちっとはのんだ」と表現され，おせんべいの場合には「のまない」と表現されています。ここには，子どもの「こっちだったら，あっちだったら，どうなるんだろう」という好奇心が満ちあふれ，毛細管現象を鋭く突いています。さらに，自分の知りうるかぎりの言葉で表現されたその現象は，知識の乏しさをはるかに超えた表現力で，おとなが語る以上の説得力を持っているように思いませんか。子どもの視点に立ったとき，いたずらにしか見えないその行為には，子どもの好奇心が満ちあふれていることに気づかされます。

　このように，おとなの考えている枠の中でおとなの視点によって子どもの行為を見る場合と，子どもの視点に立って，子どもが何を考えているのか，何を感じているのかを見る場合とでは，その見え方やとらえ方はまったく違うものになってしまうのです。

　さて，はじめにもどりましょう。みなさんは，男の子になんと答えたでしょうか。この担任の保育者は，「おせんべいは，お水のむかしら」と答えています。子どもの好奇心に応えるひとつの回答のあり方だといえます。しかし，この答え方が正しいか否かを問題にするのではなく，ここで大切なことは，保育者として，子どもと母親の両方の視点に立って，子どもの行為を受けとめることではないかと私は考えています。子どもには，子どもの好奇心を受けとめつつ，母親がなぜいたずらといって叱ったのかの意味を伝えること，母親には，子どもの好奇心の目が育っていることを伝えること，両者の視点をつなぐ役割が，保育者には求められていると考えています。

　このように子どもの行為の背景に，子どものどんな思いがこめられているのかを見つめることが，子ども理解にはとても重要です。おとなの枠の中で子どもを見ているかぎり，どんなに子どもを見ても，子どもの視点は見えてきません。子どもの見ているものをともに共有する心が必要です。

（2）子どもの言葉の世界

　これまで学んできたように，子どもは，さまざまなものや人との関わりの中で，自分の心の存在に気づき，他者にも心があることを理解していきます。そして，言葉が育っていくことにともない，自分の知りうるかぎりの言葉を使って，自分が知っていることや体験したこと，感じたことや思ったことを表現していきます。その意味で，子どもの言葉に目を向けることによって見えてくる子どもの内なる世界があります。本章の最後に，子どもの言葉の世界に少しだけふれてみたいと思います。子どもの言葉に耳を傾けながら，その表現する世界を通して，子どもの内なる世界への理解を深めていきましょう。

　では，日常的な生活文脈の中で，子どもたちが親や保育者に問いかけたり，子ども同士でしゃべったりしている様子を，「こどものことば」[30]という２歳から９歳までの子どもたちの言葉を集めた１冊の本の中から紹介しましょう。この本は，編集や翻訳などの仕事をしている男女５人のグループが，２年半かけて拾い集めた子どもの言葉集です。「きちんと意味のとおる正確ないいまわしに向けて整理されてしまう以前の子どもたちのことば」[31]が集められています。その言葉の世界を通して，みなさんは，どのようなことを感じられるでしょうか。ここでは，紙面の関係でごく一部をご紹介します。

＜２歳男児＞
① （スパゲティを母親がゆでようとしていたら）
　　　かたいねェ　ほねのあるスパゲティだね
＜２歳女児＞
② 　サクランボって，リンゴのあかちゃんだよね
＜３歳男児＞
③ （ぬれた靴に砂がついて）
　　　ママ　くつに　ふりかけがついちゃった　ふりかけとってよ
＜３歳女児＞
④ 　きょうもあめがふってるね　きのうののこりかな？

⑤（おやつのアーモンドチョコたべてみて）
　　チョコレートのたねがはいってた！　おにわにうめようよ
＜3歳男児＞
⑥（夜の海に夜光虫がキラキラひかっている）
　　あれはねえ　うみのおほしさまだよね
＜3歳の子どもたち＞
⑦　ここ　すわって　たべるとこね　うん　ここ　れいぞうこね
　　いいよ　ここ　おりょうりするとこね　うん　そいで　ここ　やきもちや
　　くとこね　うん　わかった
＜4歳男児＞
⑧　あめが　ふっとうのに　おてんきみえとう
　　おひさんが　ぬれてしまうね
＜4歳女児＞
⑨（自転車をUターンさせられないので）
　　あやちゃん　うらがえし　できない
＜5歳男児＞
⑩　あぶくは，とうめいのちっちゃなこびとが　うごかしているんだよね
＜5歳女児＞
⑪（夜，星を見ながら）
　　よるのそらに　おほしさまがでてきたのに　あさになると　おやまのなか
　　にかえっちゃうから　いやだな

　子どもたちが表現する言葉の世界にふれるとき，そこには素朴な温かさがただよっているように感じます。むろん，さまざまな事柄を理解するちからはまだかぎられていますので，未熟さゆえの表現だといってしまえば，確かにそのとおりです。しかし知りうるかぎりの知識と言葉を精一杯使って，表現している言葉です。わずかな経験の中からにじみ出てきた言葉なのです。そこには，子どもの感じる世界が映し出されているはずです。

①の２歳男児は，骨というものの存在を知っています。いつも食べるときのスパゲティとは違い，芯のあるような硬さは，まさに骨のように感じられたのでしょう。脊椎動物の持つ骨は，スパゲティにあるはずがありませんが，骨の性質の一部を理解しているからこそ生まれた言葉でしょう。

　②の２歳女児は，サクランボとリンゴの共通点を見出しています。かたちや色が確かに似ています。小さなサクランボは，まさに，あかちゃんという表現にぴったりかもしれません。サクランボとリンゴが同じものではないという知識のあるおとなからすれば，そんな見方は考えられない発想です。

　③の３歳男児は，ぬれた靴についた砂の状態を，ごはんにかかったふりかけと重ねあわせています。「なるほど」とその観察力に，思わず笑いたくなってしまいますが，子どもの真剣な状況の説明を考えると，その説明が知りうるかぎりの知識からにじみ出されて生まれた表現であることを感じます。

　④の３歳女児の「のこりかな」という表現の中にも，残るという状況を体験していることが伺われます。おそらく，ジョウロでお水をやった体験から生まれたのではないかと想像されます。

　⑤の３歳女児も，種というものの存在や，種が入っている状態を理解しています。果物などに入っている種と同じ状態でチョコレートの中に入っているアーモンドは，埋めると芽がでてくるのではないかと考えたのでしょう。もし，本当にアーモンドチョコレートの生える木があったらいいですね。しかし，残念ながら，熱処理をされた種は芽が出てきません。しかし，この女児の発想は，果物の種を埋めた経験があるからこそ，生まれた言葉ではないでしょうか。

　⑥の３歳男児の「うみのおほしさま」という説明に，思わず納得された方もいるのではないでしょうか。夜空に輝く星の存在とその輝きに感動した体験から生まれた表現のように私には思われます。目の前に見える海の輝きは，まさに星の輝きそのものだったのでしょう。

　⑦は，３歳の子どもたちの会話です。おとなが聞いていると，どこかおかしな会話だと思われるでしょう。しかし，子ども同士では，きちんと通じあっているのです。そして，「焼きもちをやく」というおとなの使っている言葉をど

こかで耳にしたのでしょう。言葉の正確さには欠けていますが、「やく」という言葉の持つ意味を知っている証でもあります。お餅を焼くようなつもりだったのかもしれません。

⑧の４歳男児は、天気雨に遭遇したのでしょう。日が照っているのに雨が降っている不思議な情景を見ながら、おひさまがぬれてしまうと考えています。ここには、幼い子どもならではのアニミズム*1)（すべてのものに人間と同じような心や意志があると信じるはたらき）の思考が反映されています。おひさまがぬれることはありませんが、人間と同じように雨にぬれてしまうおひさまの状況を考えています。そして、おひさまが困る、おひさまがかわいそうだいう感情がそこにこめられているように思われます。

⑨の４歳女児は、Ｕターンをしたい状況をなんとか説明しようとしています。「うらがえし」は、決してこのようなときに使う言葉ではありませんが、知りうるかぎりの言葉を使って精一杯表現しようとしている子どもの姿が、ここにも表れています。そして、おとなにはない発想の結びつきから生まれた言葉、ともいえるでしょう。

⑩の５歳男児のこびとが動かしているという表現の中に、子どもの持つイメージの世界や想像の世界を感じさせられます。あぶくの現象に不思議なものを感じている証でもありますが、まだ、物理的な現象の説明を理解するまでには至りません。しかし、「あぶくはどうしてぶくぶくと動くのだろう」と自問し、子どもなりの想像の世界で自分なりの説明を引き出しています。このなぜが、真理への追究とむかう日があるかもしれません。

⑪の５歳女児も、夜になると出てくる星の輝きに楽しさやよろこびを感じているのでしょう。しかし、それが朝になると見えなくなってしまう、そこに淋しさのようなものを感じているのかもしれません。「いやだな」という言葉に、その思いが映し出されているように感じます。そして、その現象を、星がお山に帰ると表現しています。ここにもアニミズム的な思考のあることが考えられます。

このように、子どもの言葉の世界にふれてみると、そこには、子どもならで

はの世界があることを感じます。確かに未分化であり未熟であるがゆえの表現でもありますが，それは，日々の体験からにじみ出された子どもの表現する世界であり，ある意味で核心をついた表現でもあります。

　子どもの表現する世界を見つめるために，もうひとつご紹介したい本があります。「あなはほるもの　おっこちるとこ」[32]という絵本です。アメリカの保育者が子どもたちに実際に聞いて，その答えを拾い集めてつくられた絵本です。しかし，ご紹介する前に，みなさんに質問をしたいと思います。もし，「顔ってなーんだ」，「鼻ってなーんだ」，「階段ってなーんだ」と聞かれたら，あなたはなんと答えるでしょう。まず，考えてみてください。ここでも，あなたの答えを出してから，次を読んでほしいと思います。

　さて，ご紹介の絵本の中には，今あなたが質問に答えたと同じ質問に対する子どもの答えがあります。どんな答えでしょうか。

　その答えは，「かおは　いろんなかおをするためにあるの」，「はなは　こすりあわせるもの」，「かいだんは　すわるとこ」というものです。

　みなさんは，この答えをどのようにとらえるでしょうか。

　顔は喜怒哀楽，いろいろな表情をします。うれしいときに笑い，悲しいときには涙を流します。叱られるときには，母親が怒った顔をしています。顔は，まさにいろいろな表情を表すためにあるものだといえます。鼻については，どうでしょうか。「こすりあわせるもの」という答えを聞いて，幼い頃，鼻と鼻をこすり合わせたことを思い出された方もいるかもしれません。人と人とがふれあう温かなものを感じさせる答えです。そして，上り下りのための階段は，

「すわるとこ」と答えています。幼稚園や保育園で階段に腰掛け，絵本を読んだり，シャボン玉をしたりしている子どもの姿が浮かんできます。このように，子どもの答えは，おとなの持つ既成概念をはるかに超えた日常的な体験から生まれています。子どもの表現する言葉の世界は，まさに，子ども自身が日常的に肌で感じ，体験したことによって生み出されています。

本章では，子どもを理解していくために，子どもの内なる世界について考えてきました。目には見えない世界ですが，子どもの心の世界，子どもが表現する世界を見つめようとする深い思いによって，その世界は見えてくると信じています。そして，心の中には，その世界を見つめることのできる心の目があると，私は信じています。

みなさんも知っていると思いますが，あの「星の王子さま」の本の中に出てくるキツネが，王子さまに教えてあげた秘密があります。どんな秘密かというと，「さっきの秘密をいおうかね。なに，なんでもないことだよ。心で見なくちゃ，ものごとはよくみえないってことさ，かんじんなことは，目にみえないんだよ」[33]という秘密です。目に見えない大切なものが，この世界にはたくさんあります。そのことを子どもたちに伝え，大切なものが見える子どもたちになってほしいという願いをこめながら，まず，私たちおとなが，目には見えない内なる世界を理解し，目には見えない大切なものを「心の目」で見つめていきたいと思います。

【注】

※1）ピアジェ（Piaget, J., 1896-1980）は，子どもに見られる特徴的な世界観を表す用語として，アニミズム（animism）という言葉を用いました。アニミズムという言葉は，ラテン語で心を意味するアニマ（anima）に由来し，無生物や植物などに人間と同じ心や意志があると信じるはたらきをさしています。机を叩くと自分も痛いのですが，「机も痛い」と考えたり，月に雲が隠れると「雨を見に行ったので」と信じたりするのは，アニミズムによるものだと考えられています。ピアジェは，アニミズムの根源は，子どもの自他の未分化から生じていることであるととらえ，この分化が進むと，アニミズム的な思考や行動は減少すると主張しました。

―――――― 引用文献 ――――――

1) 岡本・清水・村井『発達心理学辞典』ミネルヴァ書房，1995年，124頁．
2) 遠藤俊彦「第1章 乳幼児期における親子の心のつながり」丸野俊一・子安増生編『子どもが「こころ」に気づくとき』ミネルヴァ書房，1998年，15頁．
3) 無藤・倉持・福田・奈良『発達心理学』ミネルヴァ書房，1993年，125頁．
4) 久保ゆかり「第4章 気持ちを読みとる心の成長」丸野俊一・子安増生編『子どもが「こころ」に気づくとき』ミネルヴァ書房，1998年，95頁．
5) 木下孝司「第2章 幼児が「心」に気づくとき」丸野俊一・子安増生編『子どもが「こころ」に気づくとき』ミネルヴァ書房，1998年，41頁．
6) 遠藤俊彦「第1章 乳幼児期における親子の心のつながり」丸野俊一・子安増生編『子どもが「こころ」に気づくとき』ミネルヴァ書房，1998年，5頁．
7) 子安増生『幼児期の他者理解の発達』京都大学学術出版会，1999年，134頁．
8) 同上，131-132頁．
9) 同上，145頁．
10) 同上，146頁．
11) 佐伯 胖『幼児教育へのいざない』東京大学出版会，2001年，76-77頁．
12) 同上，79-80頁．
13) 同上，80頁．
14) 同上，80頁．
15) 木下孝司「第2章 幼児が「心」に気づくとき」丸野俊一・子安増生編『子どもが「こころ」に気づくとき』ミネルヴァ書房，1998年，49頁．
16) 同上，49頁．
17) 岩田純一『＜わたし＞の発達』ミネルヴァ書房，2001年，91頁．
18) 今井和子『ことばの中の子どもたち』童心社，1986年，143-144頁．
19) 同上，144頁．
20) 同上，144頁．
21) 山内浩司「2000年のコドモたち」朝日新聞 朝刊，2000年1月12日付け．
22) 津守 真『保育者の地平』ミネルヴァ書房，1997年，552頁．
23) 木下孝司「第2章 幼児が「心」に気づくとき」丸野俊一・子安増生編『子どもが「こころ」に気づくとき』ミネルヴァ書房，1998年，36頁．
24) 岩田純一『＜わたし＞の発達』ミネルヴァ書房，2001年，152頁．
25) 同上，153頁．
26) 同上，89頁．
27) 木下孝司「子どもが「心」の存在に気づくとき」『発達』66，17，ミネルヴァ書房，1996年，34頁．

28) 同上，34頁。
29) 森上史朗「幼児理解の基盤となるもの」森上史朗・浜口順子編『幼児理解と保育援助』ミネルヴァ書房，2003年，28頁。
30) ぐるーぷ・エルソン編『こどものことば』晶文社，1987年，79-241頁。
31) 同上，10頁。
32) ルース・クラウス（文），モーリス・センダック（絵），わたなべしげお訳『あなはほるもの　おっこちるとこ』岩波書店，1979年。
33) サン＝テグジュペリ，内藤　濯訳『星の王子さま』岩波書店，1953年，115-116頁。

• 参考文献 •

氏家達夫『子どもはきまぐれ』ミネルヴァ書房，1996年。
鯨岡　峻『子どもの心の育ちをエピソードで描く』ミネルヴァ書房，2013年。
子安増生『心の理論』岩波書店，2000年。
Astington, J. W., "The Child's Discovery of the Mind", 松村暢隆訳『子供はどのように心を発見するか』新曜社，1995年。
Siegal, M., "Knowing Children", 鈴木敦子・外山紀子・鈴木宏昭訳『子どもは誤解されている』新曜社，1993年。

第6章
子ども理解と保育について学ぼう

本章のねらい

　日々の保育は，一人ひとりの子どもを理解しようとする，一人ひとりの保育者の思いによって支えられているといっても過言ではありません。子どもを理解していなければ，望ましい保育のあり方も保育の方法も考えることはできません。どんなにすばらしい保育環境が物理的にあったとしても，子どもを理解した上での環境でなければ，子どものための保育を展開することはできないのです。

　本書の「はじめに」において述べたことですが，子どもを理解することは，保育や教育における出発点です。その意味を，第Ⅰ部の最後の章である本章で，改めて学びとってほしいと願っています。そこで，本章では，これまで学んできた子ども観の考え方，子どもを理解するための発達のとらえ方や方法，子どもの内なる世界などについての学びをもとに，以下の視点から，子ども理解をさらに深めながら，子どもの育ちを支える保育の営みが，いかに深く尊いことであるかについても学んでいきましょう。

① **保育における子ども理解のアプローチについて学びましょう。**
　保育という場において，保育者はどのような姿勢で子どもと向かい合うことが大切でしょうか。そのアプローチの方法について学びましょう。
② **保育の中でみられる子どもの行為のよみとり方について考えましょう。**
　保育の中でみられる子どもの行為をどのように考えていくか，そのよみとり方について考えていきましょう。
③ **理解者としての保育者のあり方について考えを深めましょう。**
　子どもの育ちを支えるための子ども理解にむけて，保育者としてどのようなことを考えたらよいか，その方法やあり方について学びましょう。

第1節　保育という場の中で

(1) 二人称的理解と三人称的理解

　津守は「外部から観察される行動は内なる世界の表現である」[1]と述べています。子どもを理解するためには、外側から見える行動をそのまま受けとめるだけでなく、その行動が子どもの内側から押し出されて生まれた表現でもあるのだという視点を持つことがとても重要です。5章においても、目に見えない内なる世界を見つめることの大切さを述べてきましたが、子どもの内なる世界を共有することが、子どもを理解する上でどれほど大切なことであるか、みなさんもこれまでの各章の学びを通して、その大切さを感じとってくださっていることだと思います。では、子どもとどのようにむかい合ったら、その内なる世界を共有できるのでしょうか。

　森上史朗は、保育者が子どもを理解するための基本的な姿勢として「子どもにとってのあなたになる」[2]ということを述べています。子どもの行動を見るときの見方として、二人称的理解と三人称的理解のしかたがあり、その理解に基づいたアプローチをあげています。

　それは、「三人称的アプローチとは、子どもを向こう岸において大勢のなかの一人（one of them）として客観的に高見から見る見方である。それに対して二人称的アプローチとは一人ひとりの子どもを私（I）にとっての"あなた"（you）として見る見方である。それは具体的な固有名詞をもった『○○ちゃん』であり、親しくかかわり合いをもち、そしてお互いに心をかよい合わせて成長していく関係のなかで子どもを見ようとする。つまり、その子が一生懸命に自分さがしをしながら生きようとしている、それに共感して援助してあげたい、支援してあげたい、そういう目でみていく」[3]というアプローチです。

　第5章第2節（1）の「つもり」の世界で紹介したエピソード2の「ぬいぐるみをびしょびしょにしたユウヤくん」やエピソード3の「パンをゴミ箱に投げつけたケンタくん」を思い出してください。ユウヤくんやケンタくんを、客

観的に高見から見ているかぎり，ふたりの内なる世界は見えてきません。私とあなたというむかい合う関係，私にとってのあなたであり，あなたにとっての私であるという二人称的関係の中で，今生きようとしている彼らの世界を感じとることによってこそ見えてくるのが，内なる世界なのです。一般的なもののとらえ方から離れ，ユウヤくんにとってのあなた，ケンタくんにとってのあなたという私とあなたの関係になって，彼ら独自の持つ世界にふれてみることが必要なのです。

　三人称的アプローチによる三人称的理解は，子どもとの間に距離がありますが，二人称的アプローチによる二人称的理解は，子どもと同じ気持ちになって理解することであり，子どもとの間に距離をおくことはできません。そこには，子どもの行動を見る，聞くという視覚や聴覚だけでなく，子どもの息づかいや子どもの放つ活力にふれ，味わい，嗅ぎ分けるという触覚，味覚，嗅覚のすべての感覚が総動員されています。距離がないからこそ，子どもが全身で発信しているものにふれ，味わい，嗅ぐことができるのです。そして，目の前の子どもの世界にただよう雰囲気が伝わってくるのです。ただし，この距離は物理的な距離だけをさしているのではありません。心理的な意味での距離が重要です。どんなに物理的な距離が近くとも，心理的な意味での距離に隔たりがあったのでは，二人称的理解における私とあなたの関係をつくることはできません。

　第1章で紹介したエピソード2において，そっと手を握った保育者の姿を覚えているでしょうか。年長の凄まじいケンカに動けなくなってしまった3歳児女児の右手をそっと握った保育者。それは，見る，聞くだけではなく，立ち尽くす女児の内なる世界にふれ，味わい，嗅ぎ分けるという五感のすべてによって女児を受けとめた保育者の姿に他なりません。そこには，ただそばに近づいただけではなく，女児の世界に引き寄せられた保育者の身体感があったのだと思います。

　津守は「省察によって意識化されるような思索が，実践の場では，身体の水準で行われているといってもよいであろう」[4]と述べていますが，この保育者も，あとでその様子を私が聞いたとき，「気がついたら手を握っていただけで

すよ」という，簡単な返事が返ってきていました。まさに，身体の水準で行われていたことなのだと思います。しかし，五感すべてによって受けとめているからこそ，身体の水準で，最も本質的な子どもの内なる世界をとらえることができたのではないかと思います。津守は次のようにも述べています。「保育者は，子どもと応答しつつ，自らの思索により，自分の判断によって，自らの行為を選択する。ときには，それは勇気を要する。そして，その結果を自分の身に引き受けることになるが，それにつづく実践と思索によって，新たな生活を開くことができる。保育の実践は，その保育者と，その子どもたちとの間につくられる，もっとも人間らしい行為である」[5]。

　この津守の文章を通して，保育という場の中でかわされる子どもへの保育者の応答が，向こう岸にいるたくさんの子どもへの投げかけではなく，目の前にいるひとりの子どもにとってのあなたとしての応答であり，人と人とのむかい合いの中でかわされる「心ある応答」でなければならないことを改めて感じさせられます。子どもの世界の本質から切り離された客観的な応答であっては，保育の実践が，最も人間らしい行為とはいえなくなってしまうのではないかと思います。

　また，子どもを見る場合に，一定の枠組みや先入観が作用してしまう場合もあります。自由な遊びのあとになかなか保育室に戻ってこない子どもやすぐに友だちに手を出してしまう子どもがいたとき，「この子は手のかかる困った子だから」あるいは「この子はいつもこうなんだから」というようなレッテルを貼って見てしまうことがあります。しかし，そのレッテルが，本質的な理解の妨げとなる場合もあります。私とあなたの関係で，子どもを二人称的に理解しようとするとき，なぜ，子どもが保育室に戻ってこないのか，なぜすぐに手を出してしまうのか，の「なぜ」がきっと見えてくるはずです。しかし，私たちは，一定の枠組みで子どもをとらえたり，先入観でみてしまうことがあります。森上は，「自分の見方，考え方にはクセがあることを自覚し，目の前の子どもの姿とすり合わせて検討することが大事だ」[6]と述べています。一定の枠組みや先入観で見てしまう危険性のあることを自覚しながらも，今，目の前にいる

ひとりの子どもにとってのあなたになって，その子どもの行為の「なぜ」を考えてみることが，子どもを理解する上では大切なことなのではないかと考えます。

（2）心が育つということ

　幼稚園や保育園は，集団生活の場です。さまざまな人やモノとの関わりが，日々の生活の中にあふれています。その関わりの1つひとつが，子どもの心を育てる糧になっています。自分が体験したうれしかったこと，励まされたことを，他者にも広げていくということが，何気ない生活の中で育まれています。

　次のエピソード[7]は，私が参加観察者として幼稚園に身をおきながら子どもたちとの関わりの中で得られたものです。5歳児クラスで見られたエピソードですが，このエピソードから，私は，子どもの心の深さに改めて心揺さぶられました。みなさんは，どのように感じられるでしょうか。

| エピソード 1-a | みてて　アイちゃんじょうずだよ |

　図書コーナーの前で，アイがリボンのついた棒をレナからもらい，その棒を回転させながら，アイもくるくると回って踊っています。レナがアイと一緒に踊りながら，近くにいる私（観察者）にむかって「せんせいみてて　アイちゃんじょうずだよ」と叫びます。私が「ほんと　上手に回ってるね」というと，レナはアイの顔を見てうなずくように首を縦にふり，レナ自身もまたくるくると回りながら一緒に踊って遊んでいます。

　レナはアイと一緒にくるくる回って踊っているのですが，レナ自身の行為を見せるのではなく，アイの行為に対する賞賛を観察者である私に求めてきています。私の賞賛を得ることで，レナはアイとの遊びをさらに盛り上げています。そして，「上手に回ってるね」という私の返答に，うなずくように首を縦にふるレナの姿には，アイへの励ましのような気持ちのあることが感じられます。

　自分ではなく他者の行為に対する賞賛を求めているその姿には，他者への思

いが確かにあります。しかしこれだけでは，心を揺さぶられるような心の深さを，みなさんに伝えることはできないでしょう。なぜ，私の心が揺さぶられたのか，その意味をこのエピソードの前に起きていたことを通してお話ししたいと思います。そして，レナが，なぜアイの行為に対する賞賛を私に求めてきたのかを考えてみましょう。

エピソード 1-b　てつぼうってむずかしいね

　鉄棒の近くで，リボンのついた棒を持って遊んでいるマチ・ハルナ・レナ・マイの女児集団と私（観察者）がいます。鉄棒で前回りをしているアイが，その女児集団にむかって「みてて」と呼びかけ，前回りをして見せます。アイが回り終わったところにユカがやってきて，「そんなのかんたん」といいながら，逆上がりをして見せました。さらに，ユカは「ほら　みてて」と女児集団によびかけ，数回逆上がりをして得意そうな表情でアイを見ます。アイも逆上がりに挑戦し，何回か足を上にあげるのですが，うまく回れません。鉄棒のまわりにはマチ・ハルナ・レナ・マイがユカを囲むようにユカの逆上がりを見ています。アイはその後も逆上がりに挑戦するのですがうまく回れず，「てつぼうってむずかしいね」とつぶやきながら教室へ入っていきます。すると女児集団の中にいたレナも，アイの後を追うように保育室の方にむかったのです。

　アイは，前回りを得意になって見せますが，その行為はユカの逆上がりという，より難度の高い行為によってうち消されてしまいます。アイも挑戦していますが，うまくいかず，「てつぼうってむずかしいね」という言葉によって，できない自分を諭すように，なんとか気持ちをおさめています。しかし，その場を離れるアイの様子には，悔しさも混在していることを感じさせられます。そして，このアイを追うようにレナも保育室にむかったのです。そこでどのようなことが起きたのでしょうか。続きをお話ししましょう。

第 6 章　子ども理解と保育について学ぼう　● 123

> **エピソード 1 － c　あいちゃん　あげる**
>
> 　図書コーナーのところでしゃがみこんだアイの所へ，レナがリボンのついた棒を持ったままやって来ます。レナは「アイちゃん　みて」といって，アイの前で棒を回しながらくるくると身体も回します。アイがレナの方を見ると，レナはアイに棒を渡します。アイは受けとり，棒をくるくると回しながらレナと一緒に身体もくるくると回して遊び始めました。

　アイを追うように保育室に来たレナは，アイの前で持っていた棒を回して見せ，さらにその棒をアイに渡しています。このレナの行為は，何を意味しているのでしょうか。逆上がりがうまくいかず，ユカの触発に沈んだアイの気持ちを推し量るようなレナの行為であると，私にはよみとれるのです。

　ではなぜ踊りなのでしょうか。アイは普段からバレリーナになるといって，よく友だちにくるくると踊って見せていました。そんな踊り好きのアイをレナがどれだけ認識していたかの確証はありませんが，そのことを感じとっているレナのようにも思えました。そして，そこには，言葉ではないレナのいたわりと励ましのメッセージがこめられているように思わずにはいられませんでした。

　エピソード 1 － a に見るレナが私に求めてきたアイへの賞賛は，こうした背景のあとに生まれたものだったのです。単に一緒に遊ぶというだけならば，アイへの賞賛を私に求めたでしょうか。エピソード 1 － b と 1 － c の文脈に続くレナの行為だからこそ，レナの励ましの意味がそこによみとれるのです。

　レナは，アイとユカの鉄棒でのやりとりを第三者の立場で見ています。しかし，できない自分とむかい合うアイの様子を，レナ自身もアイの視点でとらえていると考えられます。まさに，アイの気持ちになっているレナがそこにいるのです。その気持ちが，私への共感を求める行為となったのではないでしょうか。さらに，このときレナと私との間には直接的な関わりはないのですが，私もアイとユカのやりとりをレナ同様に見ていたという間接的な関わりがあります。このことをレナがどのくらい認識していたかを推測することは難しいこと

です。しかし，レナの気持ちが，踊っているときに近くにいただけという物理的な要因だけで私にむけられたのではなく，アイとユカの鉄棒でのやりとりを見ていたひとりとして，私によびかけてきた可能性も考えられます。レナが，私にくるくる回って踊るアイの行為だけの共感を求めたのではなく，アイの特性を認識したレナ自身のアイへの激励の気持ちがこめられているようによみとれます。

　そして，私の共感を得ることでアイへの励ましはより高められていると思います。落ち込んだアイへのいたわりの気持ちが，レナの行為にこめられていることをみなさんに感じとってもらえたでしょうか。このレナの言葉を超えたいたわりと励ましの行為に，私は心揺さぶられたのです。アイがうれしそうに身体を回していた姿を，私は今でもはっきりと覚えています。さらに，このレナとアイのエピソードの2カ月後に，アイがルイに見せた次のようなエピソード[8]があります。

エピソード 2　ルイちゃんのたべてる

　サチとマチが縄跳びの縄を回し，ユカ，サオリ，マイ，アイ，ルイが交替で縄跳びを跳んでいます。ルイの番になると，回している縄跳びにうまくルイが入れず，止まってしまうことが続きます。すると「ルイちゃんはもうだめ」「ルイちゃんいると続かない」とひとりがいいはじめ，ルイが跳ぶことから外されてしまいます。ルイに縄を回してもらおうという案もでるのですが，ルイの方が「いや」といってその場を自分から外れていきます。ルイはウサギ小屋の方に駆けて行き，しゃがみ込みます。少しすると，キャベツの入った袋を持ってレナ，ナオ，ハルナの3人がウサギ小屋に走って行きます。縄跳び遊びをしていたアイもその後を追ってウサギ小屋に行き，ルイの隣にしゃがみ込みます。3人がキャベツをウサギにやっているのを指さしながら，アイが「みて　たべてるたべてる」といってルイの方を見ます。アイはハルナからキャベツをもらうと，ルイにも渡し，一緒にキャベツをウサギに食べさせます。ルイのキャベツをウサギが食べ

第6章　子ども理解と保育について学ぼう　● *125*

> ると「せんせい　みて　たべてる。ルイちゃんのたべてる」といって私（観察者）の方を見ます。しばらくウサギの餌やりが続き，子どもたちの笑い声が響きます。

　偶然ウサギの餌やり集団が通りかかったことがきっかけであるかもしれませんが，縄跳び遊びから外れたルイのあとを，アイが追うような形でウサギ小屋に行っています。ルイの隣に座り，ルイにもキャベツを分けて一緒に餌をあげています。そして，ルイが与えたキャベツをウサギが食べているところを自分のことのように喜び，私にうったえているアイの行為があります。

　この行為は，エピソード１-ａでレナがアイにむけた行為と同じ現象です。レナからいたわりと励ましをもらったアイが，今度は，いたわる側になってルイに寄り添っています。自分がうれしかったこと，励まされたことの体験が，今度は他者へと引き継がれていきます。互いに思いやり，思いやられる関係が，園生活の中で育まれていることを感じます。

　まさに，保育という集団生活の場の中で，さまざまな人やモノとの関わりを通して，心が育っているのです。ひとりの小さな思いやりの心が引き継がれていく光景に，私は，育ちあう心を感じます。同時に，子どもの思いを伝えあうことのできる生活の場を，保育者は見えないところで支えていることも忘れてはな

りません。子どもの中に育っている他者を思う気持ちの深さ，この感性を育て続けていくことが保育者，そして，私たちおとなの責務であることを感じます。

第2節　理解者としての保育者

(1) 心を受けとめる

　子どもの中に育まれている他者への思いやりとその心の深さについてお話ししてきましたが，園という集団生活の場は，いろいろな感情がぶつかりあう場でもあり，子ども同士のいざこざも絶えません。自分の思いどおりにならない体験や悔しい思い，悲しい思いも体験します。その1つひとつが子どもの心の育ちにつながっていきます。しかし，そこで大切なことは，そのとき感じた子どもの思いを，保育者がどのように受けとめるかということです。

　次のエピソード[9]から，子どもの心の動きを考えながら，保育者が子どもの心を受けとめることの大切さについて考えてみましょう。

> **エピソード 3**　「ごめんなさい」は言ったものの
>
> 　5歳児クラスのDとEはいつも仲が良い。この日も，テレビ番組の戦いの遊びをしているうちに，だんだんエスカレートしてしまい，EがDをたたいてしまいます。怒ったDは，Eの「ごめん」という声も聞こえないようにEを何回もたたいてしまいます。防戦にまわりがちなEは大泣きしてしまいます。見ていた友だちの知らせで保育者がやって来ます。他の子どもたちや二人から訳を聞いた後で，保育者は，「戦いごっこをしていてつい本気になっちゃったんだね。でも，D君があんなにやったのは，少しやりすぎだったと思うなあ」といいます。周りで見ていた子どもたちからもD君がやりすぎ，E君は謝っていた，という声があり，Dはその声に押されるように「ごめんなさい」とEに謝ります。そこでみんなももとの遊びにもどり，保育者も少し離れて様子を見ます。Dは，あまり子どもたちが遊ばない玄関の方へ行き，そこにあった来客用のスリッパを足でけります。

Dの心の動きをみなさんは，どのようによみとりましたか。来客用のスリッパを足でけっているDの気持ちを考えてみましょう。保育者や周りの友だちにうながされて「ごめんなさい」とEに謝ったものの，心の中では，きっと納得できないDがいたのではないでしょうか。「先に手を出したのはEくんなのに」「ぼくは，やり返しただけなのに」と，そんな思いもあったかもしれません。しかたなく「ごめんなさい」といったものの納得できずに，誰もいない玄関でスリッパにその思いをぶつけていたのでしょう。園生活では，このようないざこざは絶え間なくおきます。その1つひとつに，一人ひとりの子どもの思いがあることを忘れてはなりません。
　なぜ，「ごめんさい」と謝る必要があるのかをきちんと説明してやることは，大切なことです。このエピソードの保育者も，本気になってしまったDの気持ちを受け入れています。その上で，やり過ぎたことを伝えています。しかし，周りの子どもたちが保育者の言葉によって，より優位に加勢しています。このような流れの中ではしかたのないことだと思いますが，このこともDにとってはやりきれない思いだったのでしょう。そのことも忘れてはいけないことです。その思いをよみとっていたのでしょう。この保育者は，そのあとのDの心の中を思い，少し離れて様子を見ています。遠くからDの心の動きを受けとめようとする保育者の存在こそ，子どもの心を育てていく上では大切なことではないかと私は考えています。
　謝ればそれで解決なのではなく，子どもが「ごめんなさい」といったあとの行動にどんな子どもの思いが表現されているのかをしっかり受けとめておくことが必要です。その受けとめが，次の保育につながっていくはずです。積み重ねられていく生活の中で子どもが経験する悔しさや悲しさ，怒り，そして，喜びをしっかりと受けとめて，その蓄積の中から子どもを理解していく手がかりをつかんでいくことも保育者にとっては必要なことです。状況によっては，そっと抱きしめてあげることも必要な場合がありますし，ひとりで涙を流しながら一生懸命昇華しようとしている子どもの姿を，そっと見守ることが必要な場合もあります。そして，このようなことが園であったということを親と共有し，

その日子どもがかかえていた心の思いを受けとめながら，子どもの心を支えていくことが重要です。子どもは，自分をしっかり見ていてくれる保育者の存在を，敏感に感じとっています。

　ある幼稚園の参観に行ったとき，目にしたひとつの光景があります。自由な遊びの片づけがはじまったとき，ぶどう棚の下にある砂場では，もくもくとひとりでスコップなどを片づけている3歳男児の姿がありました。遠くから担任の保育者の「○○くんありがとう」という大きな声が聞こえてきました。すると，男児のスピードがあがり，誇らしげに片づけている姿に変わったように私には思えました。一人ひとりの子どもの動きにあわせ，子どもの今している行為に対する何気ない賞賛がその子を支えていることを感じます。「先生はぼくのことを，私のことをちゃんと見てくれている」という，子どもの思いの積み重ねが，さらに子どもの園生活への安心と信頼につながっていくことを，改めて肌で感じた一瞬でした。

　楽しいことも，辛いことも体験するのが園生活です。その体験を次への育ちとしてつなげていくために，保育者は，しっかりと子どもの心を受けとめる必要があります。それは，決して大それたことをするのではなく，「○○くんありがとう」というような何でもない日々の子どもへ声かけの中にも，確実になされ得ることであると私は考えています。

（2）心をつなぐ

　子どもは周りのおとなの様子をとてもよく見ています。私が幼稚園に参加観察者として通っていたときにも，私がどういう立場のおとなであるのかをとてもよく見抜いていました。担任の保育者のように権限を持っていないこともよくわかっています。ですから，どこまでわがままが通るか，子どもから試されることもありました。次のエピソード[10]は，そんな子どもの様子が表されています。

第 6 章　子ども理解と保育について学ぼう ● 129

> **エピソード 4 − a**　小さな声で
>
> 　降園時に，園の玄関には園児たちがクラスごとに一列に並びます。私（観察者）が保育室に置き忘れていたショウの忘れ物を玄関に届けに行くと，4歳児クラスの列の後ろにいたミチが，「ふくざきせんせ　みてて」とやっと私に聞こえるくらいの小さな声で話しながら，カバンについているマスコットの手を振って私の方を見ています。私と目があい，私がうなずきながら手をふり，「ミーちゃん　さよなら」というと，ミチもとてもうれしそうな顔をして自分の両手を大ふりし，私の目を見てにこっと笑いながらうなずきます。さらに，今度は元気な声で「ふくざきせんせい　さよなら」という返事が返ってきました。

　ミチは，カバンについているマスコットの手をふってそれを私に見せているだけであり，単なる別れのあいさつにすぎないではないかと思われた方もいるのではないかと思います。しかし，少し考えてみてください。なぜ，ミチがはじめはやっと聞こえるくらいの小さな声で私を呼んだのでしょうか，私の返事を受けて，急に元気な声で「さよなら」といったのでしょうか。しかし，きりとられたこのエピソードからだけでは，よみとることはできないでしょう。このエピソードの前にも，あるできごとがありました。そのできごとから，ミチの心の動きを考えてみてください。

> **エピソード 4 − b**　あっちいって
>
> 　帰り支度前のクラス集合の時間に，ミチ・ユカ・タイチが外からなかなか保育室に戻って来ないため，私（観察者）が「サトコ先生のお話始まるよ」と呼びに行きます。ユカとタイチは駆け足で保育室に向かいますが，ミチは「ここにいる」といって動きません。私は「じゃ　先生さきに行ってるね」といって離れます。保育室に戻る途中で私がふり返ると，ミチは私の方を見ていたのですが，「あっちいって」と叫び，後ろを向いてしまいます。私が保育室の入口に入りかけた所でもう一度ふり返ると，ミチは園庭

の真ん中まで来ていますが，急いで逆戻りしてしまいます。私が保育室の中に入ってからもう一度ふり返ると，ミチも入口まで来ています。しかし，今度はさっと背をかがめて隠れてしまいます。私が気づかないふりをすると，私の視野に入るところまで小走りで近づいて来てから，さっと園長室に駆けていきます。

ミチは「ここにいる」と主張しながらも，私の後を追って少しずつ保育室にむかって動いています。私がふり向くと「あっちいって」といったり，逆戻りしたり，背をかがめて隠れたりしています。さらに私が気づかないふりをすると，わざわざ私の見える所までやって来てから園長室へ駆けて行くという，私の気を引くような行為が見られています。このようなミチの行為は，保育室に戻りたくないというよりも，私がふりむくことを察しながら，私とのやりとりを楽しんでいるように思われます。そこには，どこまで甘えられるかというミチの駆け引きも感じられます。おそらく担任とは違う立場にいる私という観察者のありようを意識してのミチの甘えではないでしょうか。

園長室に行ったミチと私のやりとりは，さらに続きます。

エピソード 4-c　園長先生に返さなくちゃ

私が園長室へ行くと，ミチは私の顔を見ながら少し笑みを浮かべて「おこられるからかえる」といって，自分から私と手をつなぎ園長室を出ます。しかし，保育室に戻る途中で，ミチは私に「ほら　みて　園長先生に返さなくちゃ」といってボールペンを私に見せて，さっと園長室に駆けて行ってしまいます。少し待ってもミチが戻って来ないので，私も園長室に行ってみると，「ここにいる」といいながらボールペンで何かを書いています。私は「もう，お部屋に行くね」と少し語気を強めてミチにいい，園長室を離れます。まもなく降園時間になり，4歳児クラスの子どもたちは玄関に向かいます。ミチの帰り支度を持って別の保育者が園長室に行くと，ちょうど園長室から園長先生と一緒に出てきたミチと出会い，ミチはそこで降園支度をして玄関に行きます。

ミチを迎えに園長室に行った私に対し，ミチは「おこられるからかえる」と少し笑いながら話しています。このミチの笑みには，私が追いかけてくるのを予期し，待ってましたといわんばかりのミチの気持ちが反映しているように思いませんか。そして私と手をつないで保育室に戻りかけるのですが，しっかりと手に握りしめていたボールペンを差し出して，園長室に戻って行ってしまいます。持ってきてしまったモノは返さなくてはいけないという正当な理由を示すことで，園長室に戻らなければならない状況をミチ自身が作り上げています。どこまで私に甘えられるかというミチの駆け引きでしょう。この駆け引きは，再度私が呼びに行ったときにも続いています。「ここにいる」というミチの主張には，園長室にいたいというよりも，私をてこずらせること事態を楽しんでいるミチの姿に他なりません。
　このように私をてこずらせたミチの行為が，小さな声で呼びかけてきた姿の前にあったのです。さらに，帰り支度を持って来てくれた保育者に対して，ミチは「ふくざきせんせいは」とたずねたそうです。おそらく私のことが気になったのでしょう。
　このようなエピソードの流れを考えると，ミチの小さな声には，私が呼びかけに応じてくれるかどうかという不安と期待がこめられていたように思われます。そこには，最後に語気を強めた私の心を察するミチの心の動きが感じられます。私が怒っているのではないかという思いが，ミチの中にあったのでしょう。だからこそ，帰り支度を持って来てくれた保育者に私のことをたずねたのではないでしょうか。マスコットの手をふって小さな声で私を呼んだミチの中には，「さっきはごめんなさい」という謝罪と私との関係を修復しようとするミチの気持ちが反映しているように思われます。
　直接的な言葉での謝罪ではありませんが，マスコットを媒介にすることで，精一杯の謝罪の意を私に示してくれたのではないでしょうか。私との心をつなげようとするミチの心の動きのあることを感じます。私が「さよなら」と返事したその瞬間に，ミチと私の心がつなぎあわされました。そして，ここには，ミチと私との状況を悟った園長先生が，私の去ったあとのミチとむかい合い，

叱ることなくその心を支えた過程があったことも確かです。だからこそ，小さな声で不安げに私を呼んだミチがいたのでしょう。他者を思う気持ち，心をつなげようとする思い，こういう心の動きが，何気ない日々の保育を通して，子どもの心の中に育まれているのです。

（3）文脈をとらえる

　このように，子どもは保育という生活の場を通して，さまざまな体験を重ね，心を育んでいきます。そして，その子どもの心の動きをよみとるとき，大切なことがもうひとつあります。それは，エピソード1－aのレナが私にアイへの賞賛を求めてきた行為は，1－bと1－cのエピソードの上に成り立っているということ，4－aのミチが小さな声で私に呼びかけた行為は，4－bと4－cのエピソードの上に成り立っているということです。切り離すことのできないひとつの文脈がそこにはあるのです。その流れを通して，他者の心を気遣い，その心を修復し，つなげようとするレナやミチの心の動きがよみとれるのです。

　子どもの行為は，あるひとつの部分を切り取っただけでは見えないことがあります。エピソード1－bと1－cの流れの中でレナの行為を見ているからこそ，レナの他者へのいたわりと励ましの心が見えるのであり，私の心が揺さぶられたのです。エピソード4－aのミチの心の動きも4－bと4－cの流れの中で，よみとることができたのです。

　子どもの行為を切り取ったひとつの部分だけからとらえると，見えないものがあることも事実です。それが，第5章のエピソード3のケンタくんの行為を批判した教師の場合にあてはまります。今を生きる子どもの姿をとらえることの大切さと同時に，その行為がどのような文脈の中で起きたことであるのかを考えることも重要です。しかし，日常的な保育の生活文脈の中で，ひとりの子どもの動きをそばについてずっと見ているわけにはいきません。私が流れを追うことができたのも，参加観察者として身をおいていたからです。それでも，長いできごとの流れをその発端から終結までかなり詳細に記録することは至難

の業です。見届けたいと思っても，次々に展開される子どもたちの遊びの中で，1カ所にとどまることはなかなかできません。

例えば，参加観察者である私が1,500近いエピソードを描きとめ，その中から先ほどのような発端から終結に至るまでの時間的にも長く，内容的にも詳細な文脈の流れをきちんととらえることのできた記録を見ると，わずか12のエピソードしかあげることができなかったという体験があります。それは，全エピソードのわずか1％以下なのです。参加観察者であってもこのような状況です。

第4章においても保育の場で子どもを「見る」ことの難しさや困難さが指摘されていました。そこにも，忙しくしている保育者とは異なり，見ることに専念し，見ることを目的としている観察者であっても，重要なできごとが目に入らないときがあることが説明されていました。保育者は常に複数の子どもの中に身をおき，保育をしているのです。ひとりの子どもの姿をずっと追い続けることは，なかなか難しいことです。そういう状況も引き受けながら，一人ひとりの子どもの姿を理解していくことが保育者には求められているのです。ですから，一人ひとりの子どもとの関わりや日々の記録を通して，行為の背景を推測できるちからを培うことも必要なことです。しかし，勝手な推測は許されません。大切なことは，子どもの行為は分断されたものではなく，文脈があるということを頭に入れておくことです。そして，子どもの行為の意味を，なぜだろうと，文脈をたどって考えてみる姿勢を常に持ち続け，その気持ちを共有できる保育者であってほしいと思います。

（4）省察すること

保育における子ども理解のために，エピソードをもとに文脈や背景をよみとることの大切さをお話ししてきましたが，子どもの行為のよみとりは，決してひとつだけではないと私は考えています。私の体験したエピソードに対する私の解釈も，他の視点から見つめたとき，別な解釈が生まれる可能性はあります。保育は○か×かで答えることができるものではなく，これが絶対的な正解であ

ると断言することもできないのです。そのときを子どもと共有した私が，そのときの子どもの気持ちになって考えたときに見えてきたひとつの解釈なのだと，私は考えています。

　では，意味がないのでしょうか。私は，そうは思いません。意味がないのではなく，いろいろな考え方があることも視野に入れながら，ひとつの考え方としてとらえてみることが大切なのではないかと考えています。物理的な実験のように，まったく同じ状況を再現することは，保育にはできません。しかし，いろいろな考え方や解釈のしかたを学ぶことにより，自分の考えに広がりが生まれます。この広がりが，子どもを見つめるときに大切な手がかりになるはずです。ですから，さまざまな意見に耳を傾けることは，とても大切なことです。ある子どもに対する自分の思いが，別の保育者にはそうは思われない場合もあります。それは意見の対立というよりも，見方の違いであり，そのようなとらえ方もあるという思考の転換が必要なときもあります。

　後藤節美は「保育の場面をありのままに飾らないで仲間に提示する。そして本音で，自分のことばで思ったことを語っていく楽しさ，そしてよく見えていなかった子どもの姿がだんだん目の前にたちあらわれてくる面白さに魅せられてしまう」[11]と述べています。自分の見方だけでは見えない子どもの姿があるということ，そして，その違う見方を知ることで保育はより楽しさを増すということを示唆しています。

　このような楽しさを感じることができるようになってこそ，保育者としての質も高められていくのではないでしょうか。後藤が紹介しているエピソードの中に，ある担任保育者が記した次のようなエピソード記録があります。

エピソード 5　もう絶対許さん[12]

　ミカ，ユカ，マリたちがダンボールを立てて家を作っています。そこにダイスケに追いかけられたナオトが走ってきます。ナオトは，ミオたちが作っているダンボールの家を蹴って踏んで走っていきます。

　（あっ，ナオトが走っている。こわすんじゃないかな…　あっ，あっ！　こわし

第6章　子ども理解と保育について学ぼう ● 135

た！　もう絶対許さん！）
　頭に血がのぼった私（担任保育者）は，ナオトを追いかけ，ふんづかまえて現場につれもどします。
　「これ，どういうことっ！　みんなで一生懸命作ったのに！　あんた，なーんでわからんの！　よーし，今度ナオトが作ったら，先生がぜーんぶこわすからね，いいな！」
　「ダメ……」
　ミオたち女の子は，もう作り直しにかかっていますが，怒りのおさまらない私。「ミオちゃんたちに何て言うの？」「ゴメンナサイ」「そんな小さい声だったら許さん」「ゴメンナサイ……」「じゃあ，ここ作り直す手伝いなさい！」
　ナオトは別に嫌がる様子もなくダンボールを立て直していきます。
　その間，ずーっと私の説教が続きます。

　このエピソードの記録には，担任保育者の立場から，日ごろのナオトの状況も踏まえながら興奮気味の様子が記されています。しかしこのあとに，ナオトの気持ちになって担任保育者が記した部分があります。そこには，「Mせんせい　なんであんなにおこっているのかなぁ…，ボクはダイスケが追いかけて来たから逃げただけなんだけどなぁ…」[13]と。
　そしてこの記録をもとに，保育者同士の意見が交わされるのです。そこでは，「『わかる，わかる，ほんとうにナオトがあらわれるとなにが起こるかわからないんだから…』『その時の先生の気持ちはよくわかるけど，M先生があとでナオトの気持ちになって書いてあることがおもしろいなぁ』『私はこう思う，ナオトって先生が怒っているほど自分のやったことは重大に思っていないんじゃないかなぁ…』」[14]という意見がだされています。保育者の立場とナオトの立場に立つことで，考え方に違いが見えてくるのです。
　そして，「保育者として一方的な立場から子どもを見ている自分。その事だけでなく，日頃のうっぷんも同時にぶちまけている自分。子ども同士のかかわ

りからそのできごとを見ようとしないであやまらせたい，あとの始末をさせたいと，保育者の気持ちばかり優先させてナオトとかかわっていた自分」[15] という省察の姿が生まれてきたのです。

　保育は，子どもと保育者がともに生活する場を創りあげていくことでもあります。ともに，気持ちよく幸せに暮らしていくためにお互いに何が必要であるか，さまざまな視点に立って，子どもの行為の意味や保育者としてのあり方を問う場でもあるのです。そこで大切なことが，省察です。省察とは，自分を省みて考えめぐらすことです。津守は「実践における体験は，時間をへだてて，そのことをふり返って見るときに，それを意識化し，その意味を問い直すことができる。そのときに，実践の場では気づかれなかった子どもの世界や，自分自身の前提を，より明確にみることができるし，それらのことの本質に近づくであろう。時間をへだててふり返ること，すなわち反省は，英語ではreflectionであり，flexは，身体を折り曲げて後を見るという意味である。実践は，一回限りの，不可逆なできごとであるが，反省によって，人はそのことを道徳規準に照らして評価するのではなく，まして，後悔し残念に思うのではなく，体験として，ほとんど無意識のなかにとらえられている体験の認識に何度も立ち返り，そのことの意味を問うのである。意味を見出すことによって，過去と現在となり，そして，未来を生み出す力になる。その精神作業は，反省に考察を加えること，すなわち省察である」[16] と述べています。

　保育者として，大切なことは，常に省察を繰り返しながら，自分を見つめていくことではないかと思います。そうすることで，見えてくる子どもの姿があり，そこに，保育における子ども理解の本質的な意味があるのではないかと私は考えています。

　しかし，省察の大切さを言葉でいうのは簡単です。この大切さをわかっているはずのベテランといわれる保育者であっても，ときとしてそのことを忘れ，子どもの心を聞き逃してしまうことがあるといいます。自分自身の行為を省み，考えることの大切さを，次のような体験を通して語った園長がいます[17]。

　その体験とは，「園長室で仕事をしている最中に障がいのある子ども（4歳で

すが歩行が十分に行えず，右手をかざすことで平衡を保ちながら走るように前進する子どもです）が，ときどき園長室にやってきました。その子が書棚にある大切な書類を引っ張り出すことが繰り返され，その度に園長は所定の位置に戻していましたが，この子に，他の人の大切なものには手をふれないようになってほしいという願いから，書類を引っ張り出すということが繰り返されていたある日，大きな声で怒ってしまいました。大切な書類を引っ張り出すことの注意をうながすつもりで『私の大事なものをなげないでよ。何度言ったらわかるの』と大声で怒ったのです。子どもは，先生につかみかかり，椅子を押しながら先生をにらみつけ，涙をボロボロと流したのです。そしてそのとき，なんとこの子の3歳の妹が，『大事なものをお母さんのおなかのなかにわすれてきたもんで，先生の言うこと，わからないんだよ』と姉をかばうように言いにきたのです。いつも母親が，障がいをもつこの子のことを，妹にそのように説明していたからでしょう。」

　この妹の言葉に，園長は顔から火が出るほどはずかしくなったといっています。子どもが園長室にやってきて呼びかけても，忙しさに生返事しかしていなかったことをふり返り，園長という立場や仕事が優先されて，この子との関わりをおろそかにしていたことに気づかれたのです。障がいを持っている子に対する思いこみや指導しようとする意識が強く，ここぞとばかりに大声で叱ってしまったことを反省されたのです。そして，この子どもの先生と関わりたいという思いをいつも聞いていなかった自分に気づき，そのことを省み，丁寧に子どもの言葉を聞くようになったとき，この子は，書類を書棚から引き出すことがなくなったのだそうです。

　自分の存在を認めてもらいたいという子どもの思い，保育者と関わりたいという子どもの思いに対し，そのとき子どもにむけられた保育者のまなざしが，自分のことを大切に見つめてくれている本物のまなざしであるかどうか，子どもは，そのことを見極めるしっかりとした目を持っていると思わずにはいられません。ベテランの園長でさえ，子どもの気持ちをわかっていると思っていても，忙しさにそのことを忘れ，生返事で返してしまうことがあるのです。日々

の保育の中で，子どもの心を聞き逃してしまうことの反省とともに，日々自分をふり返り，省察することの大切さとその難しさを改めて感じさせられます。
　丁寧に子どもとむかい合うことの大切さについては，第1章でもみなさんに投げかけましたが，もう一度，そのことの意味を嚙みしめてみてください。
　このように，保育における子ども理解を考えるとき，子どもの心を受けとめ，心をつなげ，みずからをふりかえりながらみずからを磨いていくという，人としての高い感性が，保育者に求められていることに気づかれたと思います。その感性には，子どもの心を肌で感じとること，子どもの視点に立って子どもの世界を共有し，共感するという心と心で響き合うことが求められています。
　この高い感性を思うとき，倉橋惣三（1882-1955）が残した「心もち」という文章が浮かんできます。森上は「心もちとは倉橋独自のことばであるが，理屈ではなく「感じる」ということや，相手の立場に立って相手の気持ちに共感することなど，心と心で響き合うことである」[18]と説明しています。倉橋は，大正から昭和にかけて日本の幼児教育における理論的な指導者として日本の保育の発展に貢献し，子ども中心の保育を提唱した教育者です。「心もち」は80年近くも前に書かれた文章ですが，そこに流れる精神は，今の時代こそ，大切にしなければならない子どもへの温かな思いとまなざしがこめられています。「第Ⅰ部」の最後に，この倉橋の文章をご紹介して，『「子ども理解」について学ぼう』の結びにしたいと思います。
　子どもを理解することは，まさに人間理解です。この世界に生きるすべての人が幸せであるように，互いに心をかよわせ合うことのできる世界であることを願って止みません。一人ひとりの小さな幸せを願う思いが，未来を担う子どもたちの幸せを大きく支えています。読者のみなさんの願いも，その確かな支えになると信じています。

心もち[19]

子どもは心もちに生きている。その心もちを汲んでくれる人，
その心もちに触れてくれる人だけが，
子どもにとって，有り難い人，うれしい人である。
子どもの心もちは，極めてかすかに，極めて短い。
濃い心もち，久しい心もちは，誰でも見落とさない。
かすかにして短き心もちを見落とさない人だけが，
子どもと倶にいる人である。
心もちは心もちである。その原因，理由とは別のことである。
ましてや，その結果とは切り離されることである。多くの人が，原因や理由をたずねて，子どもの今の心もちを共感してくれない。
結果がどうなるかを問うて，今の，此の，心もちを諒察してくれない。まれに先生という人がそうだ。
その子の今の心もちにのみ，今のその子がある。

――――― 引用文献 ―――――

1) 津守　真『保育者の地平』ミネルヴァ書房，1997年，284頁。
2) 森上史朗『幼児教育への招待』ミネルヴァ書房，1998年，14頁。
3) 同上，14頁。
4) 津守　真『保育の体験と思索』大日本図書，1980年，8頁。
5) 同上，8-9頁。
6) 森上史朗『幼児教育への招待』ミネルヴァ書房，1998年，15頁。
7) 福﨑淳子「第2章 保育の過程」柴崎正行編『保育方法の探求』建帛社，2011年，35頁。
8) 同上，36頁。
9) 戸田雅美「第10章 会話を支えているもの」阿部・小川・戸田編『言葉の探究』相川書房，1997年，78頁。
10) 福﨑淳子『園生活における幼児の「みてて」発話』相川書房，2006年，75-78頁。
11) 森上史朗『幼児教育への招待』ミネルヴァ書房，1998年，8頁。
12) 同上，8頁。
13) 同上，8頁。
14) 同上，8-9頁。
15) 同上，9頁。
16) 津守　真『保育の体験と思索』大日本図書，1980年，9頁。
17) 堀畑章子「第6章 心をこめて聞くこと」阿部・小川・戸田編『言葉の探究』相川書房，1997年，44-45頁。
18) 森上史朗『幼児教育への招待』ミネルヴァ書房，1998年，61頁。
19) 倉橋惣三『育ての心（上）』フレーベル館，2008年，34頁。
　『育ての心』は昭和11年刀江書院から出版され，昭和20年に乾元社から復刊。昭和40年にフレーベル館より発行された『倉橋惣三選集　第三巻』に収載。昭和51年に『倉橋惣三選集　第三巻』を底本に『フレーベル新書12 育ての心（上）』『同新書13 育ての心（下）』としてフレーベル館より発行。2008年4月，フレーベル新書を底本にフレーベル館より『倉橋惣三文庫3 育ての心（上）』『同文庫4 育ての心（下）』として復刊。

・・・・・・・・・・・・・・・ 参考文献 ・・・・・・・・・・・・・・・

岸井慶子『見えてくる子どもの世界』ミネルヴァ書房，2013年。
鯨岡　峻・鯨岡和子『保育を支える発達心理学』ミネルヴァ書房，2001年。
鯨岡　峻『＜そだてられる者＞から＜育てる者へ＞』日本放送出版協会，2002年。

第Ⅱ部

「子どもや保護者への支援」について学ぼう

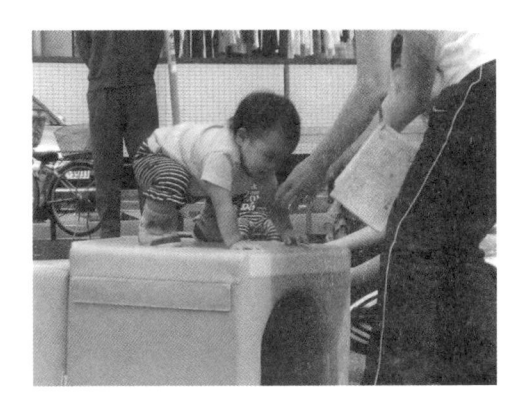

第7章
保護者への支援について学ぼう

本章のねらい

　保育所保育指針第1章（総則）2（3）および第6章や幼稚園教育要領第3章第2（章末尾参照）において，保育者はその特性を生かし，子どもに対する保育とともに，保護者への支援も担うことが示されています。

　本章では，保育者による保護者への支援および子育て支援の意義，保育・教育相談に至るまでの背景，他の専門家および専門機関との連携の重要性について学びましょう。

① **子育て支援および保護者への支援について学びましょう。**

　保護者にとって最も身近で気軽に子育ての相談のできる専門職が保育者です。子育て支援および保護者への支援の意義や支援の基本，保育者の役割について理解を深めましょう。

② **園以外の専門家や専門諸機関との連携や協働の重要性について学びましょう。**

　地域における専門諸機関や市町村で実際に行われている取り組みを学び，専門諸機関と保育者の連携についての基本姿勢，園内，地域における専門家との連携を図る際の留意点について理解を深めましょう。

③ **園で出会うエピソードから考えてみましょう。**

　エピソードのとらえ方は経験や知識によって変化していくものであり，それは保育者としての成長の証ともいえます。子どもや保護者への理解や対応について，エピソードからその学びを深めましょう。

第1節　保育者による保護者への支援および子育て支援の意義

　子育てを取り巻く社会状況や家族の在り方の変化にともない，子育て期にある親や子どもが抱える問題は複雑になっています。それだけに幼稚園，保育所，認定こども園などの園や園に勤める保育者の役割として，子どもへの援助や支援だけではなく，保護者への支援，地域の子育て家庭への支援が求められるようになりました。また，特別支援教育の推進により，さまざまなニーズを持つ子どもに関する相談の対応も求められ，保育者が保育者同士，関連機関や各専門家と連携し，協働するなど，保育現場に求められるニーズも多様化しています。保育者はその特性を生かし，子どもに対する保育とともに，保護者への支援も担っているのです。

(1) 保育者の大切な役割

　保育者は，家族以外で最も子どもを理解している存在といっても過言ではありません。それだけに保護者にとって最も身近で気軽に子育てについての相談ができるのは，保育者であり，保育者は，保育の専門職としてその役割を自覚しておくことが重要です。

　保育者による子どもの深い理解が，保護者への支援につながります。保育者の第一の役割は，子どもを理解し，支援することです。それは，子どもの心を育て，子どもが葛藤しながらも乗り越えていくことができるように，その姿を支えることです。子どもを理解し，援助することの次に，保護者や家族を理解し，支援を行うことも保育者の大切な役割です。

　子どもにとって一番身近な環境である親や家族を理解し支援できることが必要であり，こうした理解があれば，子育てのストレスへの対応，虐待の防止につながります。また，保育者が保育者同士や関連機関，各専門家と連携し協働する等，保育現場に求められるニーズも多様化しています。保育者が子どもや

保護者を支援するには，他職種と協働できることが必要となります。特別支援教育の推進により，さまざまなニーズを持つ子どもに関する相談の対応では，小児科医，児童精神科医，小学校，児童相談所などの職員との連携能力が保育者に求められているのです。

(2) 子どもを理解すること，保護者を理解すること

　子どもを理解するということは，保護者を理解することにもつながります。子どもや保護者への支援の第一歩は，子どもや保護者が抱えている問題に気づくことです。保育者ならではの専門的な視点で，子どもたちの変化を注意深く見守ります。そして，「心配だな」「おかしいな」と思ったケースに関して園内で協議し，協議した内容について保護者に提案します。その際に重要なことは，保育者は保護者との関係性を築いていることです。前提としてお互いに信頼感がなければ，子どもの問題への提案はなかったことにされたり，小さなことにされたりしてしまいます。子どもや保護者にとって最も身近な専門家である保育者だからこそ，保育者の提案を受け入れてもらえるような信頼関係が必要であり，保育者だからこそできることがあるのです。

(3) 保育者の保育観は保護者の子育て観と異なる

　保育者は，専門的知識を持ち，子どもたちへの保育を積み重ねていきます。この積み重ねられた保育者の経験こそが，保育観の礎になるのです。保育者が，自分の保育観を持つことは大切なことです。しかし，その保育観と保護者が望む保育とは，異なることがあります。逆に，保護者の子育て観を保育者が理解できない場合もあります。保育者と保護者の想いは子どもの健やかな成長を支えることで一致しているはずです。しかし，想いが同じでも方法が異なることで葛藤が生ずる場合もあるのです。保育者と保護者の想いを平行線にしないためには，まず，保育者から保護者の声に耳を傾けることが重要です。子どもや保護者への支援は，保育者の保育観に保護者の子育て観を重ね合わせながら共有し，保育者が適宜，援助の仕方を変えるなど工夫しつつ，母親自身が考え，

行動できるように促すことだといえます。

（4）保育相談・教育相談のはじまり

　保育者や園に対して，保護者が相談に至るまでには，さまざまな経緯があります。例えば，今日のできごとだけをもって保護者が相談してくるわけではありません。それまでのできごとが蓄積し，保護者自身が相談するか否かと，悩みに悩んだ末に相談に至っているのです。こういった視点で保護者からの話を聴くことも，子どもや保護者の理解につながります。

　では，保育相談・教育相談は，どのような場面から始まるのでしょうか。保育相談・教育相談のはじまりは，①保護者から相談された場合，②保育者がきっかけをつくり相談につなげる場合，③保護者の要望や指摘から相談につながる場合の3つに分類することができます。それぞれの場合について具体的な状況を考えてみましょう。

1　保護者から相談された場合

　保護者から相談があるということは，すでに保護者が保育者に信頼を寄せているという関係が，その前提にあるのです。保育者が相談しやすい相手だからこそ，保護者は相談を向けてくるのです。信頼関係が形成できていることが前提となるので，信頼や期待を裏切らないように丁寧に対応していくことが大切です。

2　保育者がきっかけをつくり相談につなげる場合

　保育者が，子どもについての心配や保護者との関係性について，日頃気づいたことを保護者に伝えて相談につなげます。保護者の困り感と子どもの問題行動を保育者がキャッチして伝え，一緒に考えていきます。この場合に難しいのは，保護者との信頼関係が希薄な場合です。なぜならば，保育者の子どもに向けた評価や親子関係についての指摘は，保護者を傷つける場合もあり，保育者と保護者の間に対立が生ずることもあるからです。

3　保護者の要望や指摘から相談につなげる場合

　真摯に日々の保育に取り組んでいる保育者ほど，保護者からのご指摘に混乱し，「自分なりに懸命に保育をしているのに」と落ち込みがちです。園への要

望や指摘は保護者からの単なるクレームととらえるのではなく，保育者としての成長や園の発展のための意見と考えて，保護者に対するマイナス感情を持たないように努めることです。要望や指摘に対しては，その真意を理解することが保育者と保護者間の信頼関係を深めるきっかけともなります。要望や指摘への対処によって，保護者の不信感にもつながりかねませんが，対応の仕方によっては，保護者にとって園や保育者への信頼にもつながります。要望や指摘に対しては，保護者の真意をくみ取り，丁寧に対応することが求められます。

　保護者の要望や指摘は，園や保育者への期待ととらえられることができるのです。保護者が要望や指摘を話すまでには，さまざまな葛藤があると考えられます。いっても仕方ない，いったことによって保育者の子どもへの対応が変わったりしたらどうしようなど，保護者は悩みに悩んで話しているのです。そういった経緯を経て，保護者は要望や指摘を伝えてきます。つまり，保護者が園や保育者に期待していなければいわないことなのです。2歳男児の母親からの話をエピソードとして紹介します。

エピソード 1　保育者の想いと保護者の想い

　2歳男児のコウタは梅雨の時期に長靴を履いてからとても気に入り，梅雨の時期が過ぎても履き続けていました。運動会の時期になっても，コウタは登園には必ず長靴を履いていました。担任保育士からは，長靴ではなく運動靴を履かせてきてほしいと話がありましたが，コウタは長靴を履いていきたいと駄々をこねるため，こういった長靴を履いて登園を続けるコウタの行動は，母親にとって大きな負担になっていました。母親にとって，毎朝，出勤前の忙しい時間にコウタに長靴ではなく運動靴を履くように説得することは時間を要していました。母親の想いとしては，コウタ本人に，長靴を履いていることで走りにくかったり転んだりしながら雨の日以外に長靴を履くことは不便であることに気づいてほしい，という考えがありました。一方，担任保育士には，運動会で走る機会もあり転ぶ可能性があるなど危険であることから，長靴を履かせてほしくないという想いがありま

した。ある日，いつものように，コウタが長靴で登園したときに，担任保育士の「また？」という言葉がありました。保育士の「また？」という言葉に母親は大変心を痛めました。母親は，悩んだ末，入園式のときの主任保育士の「何があったら何でもお話ください」という言葉を思い出し，主任保育士にこのことを相談しました。主任保育士は，母親に担任保育士が長靴ではなく運動靴を履かせてほしいという意図を丁寧に説明し，長靴で履いてきてもいいので運動靴も持たせてもらうという提案をし，園で対応していくことで納得してもらいました。しばらくすると，コウタも長靴を履くことで走りにくいといった不便さを感じたのか，長靴にこだわることはなくなりました。

＜家族環境＞
　父親：28歳　会社員
　母親：28歳　看護師

　担任保育士の「また？」という言葉は，担任保育士にとっては母親を責めるつもりではなかったかもしれませんが，母親はこの「また？」という言葉をネガティブに捉えてしまい，耳に残ったと考えられます。このエピソードでは，母親は入園式での主任保育士の言葉を信頼して相談しましたが，もし園内の誰にも相談していなかったら，担任保育士や保育園に対する不信感につながっていたかもしれません。保育者にとっては，この長靴のことはささいなことかもしれませんが，母親にとっては，大きなことだったのです。そして，保育者にとってはささいなことが，母親の保育者への不信感につながることが多々あるのです。

　保護者に限らず，相談しようと思える信頼が築けている相手にだからこそ，相談ができるのです。まず，保育者と保護者との間に信頼関係を築くことが，何よりも重要であるといえます。この重要性については，第8章でさらに詳しく説明します。

第2節　他の専門機関や専門家との連携および協働

　子どもや保護者の問題や課題に対する支援には，担任保育者だけではなくさまざまな専門家や専門機関との連携や協働が必要となります。保育者としての見解を持ちつつ，さまざまな立場からの情報や見解を共有して支援を行うことが重要だといえます。保育機関と連携がなされている専門機関や実際に市町村で行われている取り組みを認識し，保育者として他の専門家や専門機関とどのように連携していけばいいのかについて理解することは，子どもや保護者を支援する上で必要なことです。

(1) 園内外との連携，協働の重要性

　子どもや保護者を支援するのは，最も身近な存在である担任保育者の視点が必要となります。その視点から，相談や支援が始まりますが，子どもや保護者の支援には，他の保育者，専門家や専門機関との連携，協働が重要となります。

① 園内での連携と協働

　保育者は，保育以外に保護者への支援も担っています。保護者が子どもに関しての悩みを一人で抱え込まないように保育者は支援を行います。それは，保育者にもいえることです。特に新任の保育者は，子どもや保護者を理解し，子どもや保護者との間に信頼関係を築いていくことについて難しさを感じることがあると思います。保育者も一人で抱え込まずに，保育経験を積んだ同僚の先生や主任の先生，園長先生に相談し，連携，協働を行うことが大切だといえます。それには，日頃から相談できる関係性が重要です。保育は，担任一人でできるものではありません。保育者が子どもをどうとらえ理解するか，個々の育ちに即した対応ができているかなどについて，職員全員で共通理解することにより，問題が収束した例はたくさんみられています。例えば，こういったエピソードもあります。

> **エピソード 2** 保育者も一人で抱えこまない
>
> 　4月中旬のことです。主任教諭は、3歳児担任のユミ先生（保育者歴2年目）が特定の子どもにばかり気を取られていることに気づき、ユミ先生に学級の状況を聴きました。主任教諭がユミ先生自身から話を聴くことによって、友だちとのトラブルが多く、パニックになりやすいユウキへのかかわり方について悩んでおり、学級での活動もユウキに気をとられてしまっていて他の子どもも落ち着かないと悩んでいるということがわかりました。そこで、主任教諭はユウキの対応について他の教職員とも協議し、適宜主任教諭や他の教諭がユウキの個別対応をするようにしました。しばらくすると、ユウキは安定し、集団生活にも慣れていきました。もし、ユミ先生が一人で抱え込んだままでいたら、ユミ先生はもちろん、ユウキや他の子どもたちにもよい環境で保育ができたと考えられるでしょうか？

　このように保育者が子どもや保護者に問題を感じたときに、まずは園内の教職員との連携が必要になります。担任保育者と同じように、園内の教職員も子どもや保護者の問題を感じています。日々の保育の中で、担任以外の保育者は、担任とは違った立場から子どもや保護者を観察し、理解してくれています。担任保育者以外の保育者は、担任保育者が出張等で不在のときの子どもの様子を伝えてくれ、普段の保育中に担任保育者が気づかないことも知らせてくれます。子どもの個別対応が必要になった場合、担任外の保育者が支援をしてくれます。また、前年度の担任保育者の見解は、子どもの具体的な姿を理解する上でもとても参考になります。ですから、年度末の引き継ぎは、とても重要な意味を持っているといえます。エピソードとともに自身の見解を伝えることで、円滑な引き継ぎにつながります。子どもは園全体で保育しているのです。すぐにお互いに気がついたことや情報を共有できるような職員同士の人間関係が大切となります。特に、保育者は、園全体の子どもたちや保護者を理解していく必要があります。日頃からの教職員間の円滑な人間関係は、子どもたちや保護者の支援にもつながりますので、日々の保育の中での保育者同士のコミュ

ニケーションは大切です。普段から園内における円滑な人間関係は，支援につながる重要な要素のひとつといえます。

　園での取り組みについては，できれば園全体で何度も協議を繰り返し，その都度他の専門家や専門機関に報告し，共通認識を深めることが大切です。他の専門家や専門機関とケース会議を行った後の経過については，電話連絡だけでも密に行うことで，情報共有ができ，互いの取り組みや該当する子どもおよびその家族についての理解が深まります。

　理解を重ねることでさらに理解が深まり，このような積み重ねが個々に応じた支援につながります。

② 他の専門家や専門機関との連携および協働

　日々の保育の営みにおいて，保育者が保育の専門知識や技術をもってしても，到底解決できない問題と向かい合うという現実があることは，否定できません。それゆえ，保育者は連携諸機関や専門家の専門性や役割を理解し，連携諸機関や専門職との連携を密にすることが重要であるといえます。例えば，地方自治体による巡回相談では専門家が園に訪問してくれ，子どもたちを専門家の視点で観察し，保育者の相談にものってくれます。そして，言葉の遅れ，落ち着きがない，こだわりが強いといった子どもがいた場合，地域の通級教室につなぐこともできます。通級教室でも保護者から直接その子どもについて情報を得ることになりますが，保護者の了承の上，保育者からも情報提供し，連絡を取り合うことで，その後の支援が円滑になります。また，小学校就学後に不適応を起こす場合もあるため，気になる点については，就学前に小学校へ情報提供を行います。これらの専門機関については，次節で詳しく紹介します。

　子どもや保護者への支援は，乳児期から幼児期へ，幼児期から学童期へ，学童期から青年期へと支援は続いていくものです。したがって，子どもや保護者を支えるためにも，関係諸機関が支援を継続できるように，情報を共有することが重要であるといえます。

（2）保育機関と他の専門機関が連携するために

　子どもを理解するために，保育者は保育者の視点で，福祉職は福祉職の視点で，医療従事者は医療従事者の視点といった多方面から子どもを観ていくことが重要であるといえます。さまざまな立場からさまざまな観点で子どもの行動特性やその想いを理解することは，支援への対応にもつながります。他の専門機関とケース会議が行うことで，情報を共有することができます。その後，継続して支援を行っている場合，双方の支援の内容や方法を認識できるように保育者の方から連絡を取り，他の専門機関と協働できるように働きかけてもよいでしょう。

第3節　主要な専門諸機関

　これまでに説明してきましたように，子どもや保護者の問題や課題に対する支援には，担任保育者だけではなくさまざまな専門家や専門機関との連携や協働が必要となります。また，保育者の見解を持ちつつ，さまざまな立場からの情報や見解を共有して支援を行うことも重要なことであるといえます。本節では，保育機関と連携がなされている専門機関や実際に市町村で行われている取り組みを知り，保育者として他の専門家や専門機関とどのように連携していけばよいのか，その重要性について学びましょう。

　保育者が子どもや保護者を支える専門家や専門機関の機能や取り組みを理解し，連携，協働を働きかけることは，子どもや保護者の支援につながりますので，重要なことです。それだけに，乳幼児を対象とした園以外の取り組みや取り組み内容を，保育者がしっかりと把握しておくことは，必要なことだといえます。各市町村によって名称は異なりますが，例えば，子育て支援センター，子ども発達支援センターなどがあり，子どもや保護者の支援を行っています。保育者自身も子どもや保護者の問題や課題を抱え込まず，こうした関係諸機関へ相談し，連携や協働を行っていくことができます。乳幼児を対象とした相談窓口・関係機関があり，乳幼児やその保護者に対してさまざまな支援を行っています。

第7章　保護者への支援について学ぼう ● 153

表7-1　T町の相談窓口・関係機関の一覧

支援事業名	支援内容
通級教室教育相談	ことばの発達につまずきや学習や人との関わりに困難さがある幼児・児童の保護者を対象に相談および通級による指導
すくすく教室	健診等で必要と認められる幼児とその保護者を対象に，集団遊びを親子で実施
のびやか発達相談	心理判定員や保健師が言葉の遅れ，落ち着きがないなどの心理発達面についての相談
精神保健相談	精神科医によるこころの相談
保育所保健師巡回相談	保育所に在所している児童・保護者・職員等から保健や発達に関する相談
児童発達支援事業	就学前の子どもに対し，通所により，日常生活の基本動作や集団生活に適用できるよう指導および訓練
障がい者（児）基幹相談支援センター	保護者や本人・教員等関係機関を対象に，障がいに関する相談や各種機関との調整や出張相談
保育所等訪問支援事業（幼稚園・学校含む）	保育所・幼稚園・学校等に安定的に利用するため集団生活の適応に関する支援
福祉事務所	こころやからだ，言葉の発達の気になる子どもや，友達と関わるのが苦手な子を対象に適切な関わり方の相談，指導
保健福祉事務所　子育て心の相談（小児精神保健相談）	小児精神科医による子どもの心の健康について心配してる方の相談
教育委員会教育事務所	特別支援教育に関することを相談・指導（学校などへの訪問も実施）
発達障害者支援センター	発達障害のある方，その保護者，教員等関係機関の方の相談支援，発達支援，就労支援等
児童相談所	18歳未満の子どもの相談全般（知的発達，運動発達，言葉の遅れ，発達障害についても含む）
子ども教育支援センター	18歳未満の子どもの発達についての相談
家庭教育電話相談	育児やしつけ，健康など，家庭教育上のいろいろな悩みについて，電話による相談

　表7-1は，T町の相談窓口・関係機関の一覧を示したものです。

① 児童相談所

　「1947年12月に制定された児童福祉法による第一線の行政機関です。全ての児童に関する諸問題について，家庭およびその他（学校，警察，住民からの通告を含む）の相談に応じ，必要な調査ならびに医学的，心理学的，教育学的，社会

学的,精神保健上の判定を行います。その結果に基づいて,①相談,指導助言,②主として生活環境上の問題,心身上の問題にかかわる問題状況に応じ乳児院,児童養護施設,知的障害児施設,肢体不自由児施設等々への入所処置,③棄児,家出児童,被虐待児童など緊急時や入所措置を決定するための行動観察,一時的に家庭から離して集中的指導（短期治療）が必要な場合の一時保護の機能を備えています。さらに,養育放棄,虐待などの著しい親に対し,家庭裁判所に親権喪失宣言,または後見人選任および解任の請求をおこなうこともできます。以上の機能を果たすために児童相談所には,児童福祉士,心理判定員,医師（精神科医等）,相談員が配置され,専門家による適切な対応がなされています。」[1]

② 保健所

「保健所法にもとづき設置されている行政機関です。地方における公衆衛生の向上および増進を図るため,都道府県または政令で定められている市,東京都特別区が設置しています。医師,保健師など多くの専門職種を配置し,健康に関して乳幼児から老人までの全年齢層を対象として広く事業をおこなっています。事業内容の一つに母性及び乳幼児の衛生があります。」[2]

保健師は,集団健診などでたくさんの子どもたちに接し,子どもの発達や成長のことを理解しており,幼稚園教諭や保育士も保健師と同じように,母親の子育ての悩みに対して支援をしてくれます。集団検診や下記で取り上げているように地域によっては親子教室などが開催されています。家庭訪問をしたり,長期的に対応してくれるということが,幼稚園教諭や保育士と異なる点です。保育者が乳児期に子どもや保護者に対して疑問に持つことがあれば,保健師からの情報提供も参考になります。

（1）市町村における専門機関

ここでは,T町における乳幼児を支援する専門機関の役割と実際の取り組みを紹介します。各市町村ではさまざまな取り組みを行っています。保育者として専門機関を理解し,子どもや保護者に対するよりよい支援につなげていきましょう。

① T町の乳幼児を対象とした事業
【のびやか発達相談】
　幼児健診等において「言葉の遅れ，落ち着きがない，こだわりが強い」などとされた児童や育児不安を持っている母親等に対して，心理判定員による個別な指導を行うことにより，子どもの心身の健全な発達を促し，また保護者の育児不安の軽減を図っています。
　また，経過観察の必要な幼児や加配の先生がついている場合には保育所や幼稚園での巡回相談を実施しています。
　なお，個別に特別な支援を必要とする子どもには介助員等の加配が配置されています。
【すくすく教室】
　基本的には未就園児を対象とし，幼児健診等において「言葉の遅れ，落ち着きがない，こだわりが強い」などとされた児童や育児不安を持っている母親等に対して，集団的な指導を行うことにより，子どもの心身の健全な発達を促し，また保護者の育児不安の軽減を図っています。
【通級指導教室】
　「言葉」や「きこえ」のことで悩んでいたり，学習に困難さがあったり，行動面や人とのかかわりに困っていたりする子ども（例えば，言葉の繰り返し，引き伸ばし，つまりがある，年齢に比べて言葉の発達が遅く，なかなか言葉が増えてこない，唇や口蓋の状態が悪かったために，声や発音がはっきりしない（口蓋裂），呼びかけても振り向かなかったり，聞き違いが多かったりする（難聴・聴覚障害），友だちができない，トラブルが多い，人前でしゃべれない，落ち着きがなく，たえず動きまわっている，かんしゃく，反抗，乱暴，チック症状が著しい，人に関心を示さず，同じことへのこだわりが激しい，LD・ADHD・高機能自閉症などをかかえている）に対して，一人ひとりの教育的ニーズに応じて指導目標を設定し，困り感や困難さを軽減・改善するための指導，いわゆる自立活動を中心とした指導を「通級制」によって行っています。
　子どもが本来持っている力を十分に伸ばし，家庭，保育所（園），幼稚園，

学校生活などへの適応力を高め，より豊かな人間性の発達がはかれるよう，それぞれの子どもの発達段階や特性に応じて，個別指導や小集団で指導を行っています。

保護者や担任との相談を通して，寄り添う者の精神的安定を図るとともに，子ども理解を深めたり，周囲の環境調整を図ったりして，よりよい支援のあり方を一緒に考えます。

通級教室の指導内容は，一人ひとりの発達段階・能力・特性に応じた指導目標を立て，進んで取り組めるように興味・関心のあるものを教材にして指導しています。具体的には，家庭や小学校，幼稚園，保育所（園），認定こども園などと連絡を取り合い，連携しながら，言葉や音を正しく聞き取るための指導，正しい発音ができるようにする指導，つかえを少なくする読み方・話し方の指導，言葉を増やし，話す喜びを味わえる指導，人とかかわる力を伸ばす指導，興味・関心をひきだし，広げる指導，一人ひとりのよさを認め励まし，自信につなげる指導を行っています。

通級教室の所属園との連携として，通級児の各所属園での活動や行事等を参観し，所属先での様子や適応状況を把握しています。毎年６月に通級児の「学級担任全員との面談」を行い，それぞれの場での子どもの実態や課題等情報交換する中で，子ども理解を深めたり，課題を焦点化したりして，指導の充実を図ります。通級児全員の「個別の指導計画」を作成して所属先や家庭に配付し，共通理解のもとで連携して指導にあたります。通級教室での子どもの様子，指導内容，指導経過などを記入した「指導報告書」を学期ごとに作成し，所属先に送付します。指導報告書と同時に，学級担任からは「所属園での子どもの様子」を書面で知らせてもらい，それぞれの場での子どもの様子を情報交換する中で，子どもの実態を把握し，子ども理解を深めたり，指導目標を見直したりします。「連携ファイル」を作成して通級児の全所属園に配付し，上記の関係書類を始め，子ども理解のための資料や，毎月の教室だより等を保管してもらい，個人情報の管理徹底を図ります。

第7章 保護者への支援について学ぼう

【訪問相談】

　Ｔ町内の保育所（園）・幼稚園・小学校からの要請に応じて訪問し，相談内容に応じて簡易構音検査を実施したり，子どもの様子を観察し子どもの理解を深めたり，今後の支援のあり方について一緒に考えたりして，学級担任はじめ教職員を支援します。「訪問相談結果報告書」を作成して訪問先に提出し，必要に応じて通級教室での詳しい検査や来室相談を勧めます。

【円滑な就学に向けて】

　年長児を対象とし，就学前に向けて保育機関と小学校が連携し，子どもたちが円滑な学校生活が送れるように引き継ぎを行います。

　子どもたちのために保育園，幼稚園から小学校へうまくつないでいこうという趣旨で幼保小連携担当者会議が開かれています。小学校の先生が，直接管内幼稚園，保育所に出向き，年長児担当教諭・保育士と入学予定の幼児の情報交換をしています（2月頃）。その際，情報交換シートを幼保側で作成します。また，特に配慮が必要な幼児については，就学支援シートを作成し，確実に情報が引き継がれるようにしています。管外の幼稚園，保育所などについては，教育委員会より，シートの作成をお願いし，それを集約して小学校に送付しています。特に気になる幼児については，小学校より直接園所に連絡し，幼児の様子を聞きます。これらの情報交換によって，小1プロブレムを克服するとともに，幼児期に受けた有効な支援が小学校でも引き続き受けられるようにしています。

【共通理解がよりよい支援につながるために】

　Ｔ町では，子どもに対するこれまでの取り組みや相談の内容などの情報が把握しやすくなるように，希望に応じて，本人の生育歴や，本人と家族を支援する機関（教育・医療・保健・福祉等）の記録を1冊にまとめたファイルを作成しています。それぞれの機関でこれまで積み上げてきたものをファイルすることで，次の担当者や支援する機関に引き継ぎやすくなり，本人に必要な支援をつなげていくことができます。保育者は，次の児童期につなぐため，乳幼児期の子どもの記録を詳細かつ簡潔に記載することが求められます。ここでも，保育

者は，保育者の視点を軸に子どもや保護者を理解し，支援につなげるという役割を担っています。

【園庭開放】

　保育者は，幼稚園教育要領および保育所保育指針の抜粋にもありますように，地域の未就園児とその保護者の支援を担っています。園庭開放で保育者の子どもへのかかわり方を観て，「この先生に相談してみよう」と保護者が思い，保育者が声を掛けられることがあります。園庭開放のときに保育者は，保護者の保育・教育相談のニーズをキャッチすることも担っているのです。保護者は，話しかけやすい，相談しやすい保育者に声を掛けます。保育中，目の前の子どもを観ることももちろん大切ですが，常に周囲にも気を配り，地域の未就園児を観察し，時には声を掛けることがあってもよいと思います。前述のように，園庭開放時にも，子どもの対応について相談があった保護者には，前もってかかわり方について話しておき，保護者の前で子どもへの声掛けや対応等の実際の様子を見てもらうことも，子育て支援のひとつだといえます。

　このように，市町村における専門支援機関としてT町の状況を紹介しました。あなたの居住地あるいは勤務する園の地方自治体における園を取り巻く関係機関と乳幼児を対象とした医療機関を調べ，その支援内容，主なスタッフの職種，園とのかかわりなどをまとめてみましょう。それが，支援のあり方の理解をさらに深めることになると願っています。

第4節　園で出会うエピソードから

　エピソードのとらえ方は経験や知識によって変化していくものであり，それは保育者としての成長の証といえます。保育現場では，さまざまなケースに出会うことになりますが，子どもや保護者を理解しようとする姿勢が最も大切です。そのために保育者は，諸問題について保育者自身の見解を持ちつつ，園内だけでなく園外の専門機関との連携を行いながら，さまざまな立場からの情報

や見解を共有して，支援を行っていくことが必要になります。対象となる子どもや保護者に寄り添って考えることであなた自身の見解が生まれ，その見解がもとになり支援につながっていくのです。また，実際の現場で生まれているエピソードについて，あなたが何を感じられるか，ということも支援への視点を持つためには，大切なことです。

次に，具体的なエピソードを紹介します。そのエピソードについて，是非，それぞれの質問に対するあなたの考えをまとめてみてください。それが，子どもや保護者への理解とともに支援の礎になってくれることを願っています。

エピソード 3　うちの子だけが悪いんですか？

　5歳男児のナオヤは，年少児の頃から友だちとのトラブルが多く気に入らないことがあるとすぐに手が出てしまいます。担任保育士は，その都度会えるときは直接，会えない時は電話で報告していました。ナオヤの母親からは，「申し訳ない。手を出してしまったことに関してナオヤによく話してみる。相手の子どもにも謝りたい。」と謝罪の言葉がありました。

　ある日，ナオヤがゲームに何度も負けたことが気にいらなかったのか，一緒にいた他児を突き飛ばしてしまいました。他児にケガはなかったものの，担任保育士は，その日のうちにナオヤの母親に報告しました。その翌日に，園長先生に話があると保育園に電話がありました。園長先生はすぐに日程を調整し，面談を行いました。母親は，「ナオヤには毎回注意しているが直らない。注意しながらつい感情的になってしまいナオヤに手が出てしまう。ナオヤにも言い分があるようだけどいつも謝罪しなければならないため，私自身とても疲れてしまっている。父親に相談しても，お前の育て方が悪いからだと言われるだけだ」と泣きながら話したそうです。

＜家族環境＞
　父親：38歳　会社員
　母親：36歳　専業主婦

このエピソードでは，保護者を理解するという視点を持って，保護者の気持ちをみつめ，その対応について考えてみましょう。
① ナオヤの母親の現状と気持ちについて考えてみましょう。
② ナオヤの母親に対する今後の対応について考えてみましょう。
③ このエピソードについて，あなたが感じたことを述べてください。

ひとつの考え方として，①，②について筆者の考えを述べておきます。これは，あくまでもひとつの考え方ですので，まず，ご自身の考えをまとめておくことが大切です。

では，①のナオヤの母親の気持ちについて考えてみましょう。

ナオヤは，年少児の頃から他児とのトラブルが多く，ついつい手を出してしまう状況にあります。そのため，母親はその度に他児や他児の母親に謝罪し続けてきているという経緯があることが窺えます。また，「申し訳ない」と謝罪している母親の姿を思うとき，そこには，他児やその保護者への気遣いがあるように思われます。さらに，園長先生への話の中で，ナオヤの母親は，「ナオヤには毎回注意しているが直らない。注意しながらつい感情的になってしまい，ナオヤに手が出てしまう。ナオヤにも言い分があるようだけどいつも謝罪しなければならないため，私自身とても疲れてしまっている。父親に相談しても，お前の育て方が悪いからだと言われるだけだ」と泣きながら話したという状況が記されています。このような話からも，母親はナオヤの行動を何とかしなければならないと思っていると同時に，心を痛め続けている姿のあることが推測できます。また，「何度注意しても改善が見られず」ということで，ナオヤにどう理解させるか，どのように対応していったらよいのか，その術にいき詰まっている母親の気持ちがそこにはあることが考えられます。

また，「父親に相談しても，お前の育て方が悪いからだ。」といわれるという言葉から，ナオヤの母親は，父親に子育ての相談ができず，子育てを一人で抱え込んでいる状況にあることが推測されます。それが，母親にとってどれほどつらく，大変な状況であるかがわかります。

そこで，②のナオヤの母親に対する今後の対応について考えてみましょう。

担任保育士は，まず，母親の想いを受容し，ともにナオヤの育ちを支える想いは同じであることを伝え，家庭と園それぞれのナオヤへの関わり方について一緒に考えていけるように配慮します。また，母親の困り感について，他の専門家や専門機関に情報提供を行い，適宜，母親が抵抗なく相談できるように橋渡しをしてもよいと考えられます。

このエピソードのように子どものトラブルが多い場合，子どもだけではなく母親にも配慮する必要があります。ナオヤの母親のように園長先生に話したいといえる母親ばかりではありません。誰にもいえず悩んでいる母親もいるかもしれないことを認識しておくことは重要です。

エピソード 4　X脚のハルキ

4歳男児のハルキは，X脚治療のため，4月から1年間の装具装着を余儀なくされています。運動会の練習が始まった9月初旬に母親から担任教諭に電話がありました。

自宅では，何度も手洗いを繰り返し，行動の一つひとつについて必ず確認をし，少しでも思うようにできないと，「ごめんなさい。ごめんなさい」といい続けるとのことでした。母親は，「謝らなくてもいいよ。大丈夫だよ」と声をかけても何度も謝り続けるので，ハルキの対応に困り，姉に相談しました。その結果，幼稚園に相談するようにというアドバイスを受け，担任教諭に園での様子を聴きたいと，電話がありました。

担任教諭は，幼稚園での様子として，よく手洗いをしているのを見かけること，ハルキは園庭で遊ぶことが少なく，男児の友だちよりも女児の友だちと遊ぶことが多いこと，友だちに対して，トラブルになっていない場面でも，何度も「ごめんね」ということがあり，他児はなぜ謝るのかわからない様子であることを伝えました。

＜家族環境＞
　母親：34歳　嘱託社員
　兄弟なし　両親は3年前に離婚　離婚以降ハルキと二人暮らし
　祖母：65歳　祖父：68歳　姉夫婦と同居
　姉：40歳　既婚　6歳の娘あり

　このエピソードでは，ハルキの症状，その症状の背景，家族環境への視点を持って考えてみましょう。
① 家族環境からどんなことが考えられますか？
② ハルキの症状の背景について考えてみましょう。
③ 母親の現状や気持ちについて，考えてみましょう。

　エピソード4では，その後のハルキの様子をお話しておきましょう。
　ハルキの母親は，実姉のアドバイスで地域の発達支援センターに相談し，発達支援センターからの紹介で，医療機関（小児科）に受診しました。受診の結果，ハルキは，「強迫神経症」の傾向があると診断されました。ハルキは，装具を装着していることで自由に動けないことが相当なストレスになってしまい，強迫神経症のような症状を引き起こしてしまったと考えられます。このように，病後，怪我のリハビリ等，子どもの負担がかかる状況には特に配慮が必要と考えられます。保育者が乳幼児を対象とした医療機関についても理解しておくと，子どもや保護者への迅速な支援につながるでしょう。
　では，次の課題についても考えてみてください。
④ ハルキへの今後の対応について，考えてみましょう。
⑤ 母親への今後の対応について，考えてみましょう。
⑥ このエピソードについて，あなたが感じたことを述べてください。

　ひとつの考え方として，①，②，③について筆者の考えを述べておきます。これは，あくまでもひとつの考え方ですので，まず，ご自身の考えをまとめて

おくことが大切です。

　では，①ハルキの家族環境について考えてみましょう。ハルキが1歳の時に，両親が離婚しています。祖父母は姉夫婦と同居しており，離婚後，ハルキの母親は実家には戻らずに一人でハルキを育てていることから，何らかの事情で母親は自身の両親に頼れない状況にあることが窺えます。母親は，実姉に相談している家族関係において両親より姉の発言力が強いことが考えられます。次に，②ハルキの症状の背景について考えてみましょう。ハルキは，X脚の治療を行っており装具を付けているため思うように動けません。その時点ですでに特別な配慮が必要であったことが考えられます。また，担任教諭は，ハルキの幼稚園での様子として，よく手洗いをしているのを見かけること，ハルキは園庭で遊ぶことが少なく，男児の友だちよりも女児の友だちと遊ぶことが多いこと，友だちに対して，トラブルになっていない場面でも，何度も「ごめんね」ということがあり，他児はなぜ謝るのかわからない様子であることに気づいています。担任教諭としては，よく手洗いをしていること，「ごめんね」と謝り続けることというハルキの異変に気づいた時点で主任教諭や園長に報告，相談をする必要があったと考えられます。

　次に，③母親の現状や気持ちについて，考えてみましょう。ハルキと二人きりで暮らしていることから，今回のハルキの行動について母親一人で対応していたと考えられます。母親はハルキをどうにかしてあげたい気持ちがあってもその術がわからず，このような行動を繰り返すハルキに対して，ハルキの辛い気持ちを理解しつつも時には対応に困り，感情的になってしまっているとも考えられます。そして，自宅での様子と園での様子が同じであったことを知り，担任教諭に対しても負の感情が芽生えたとも考えられます。

　①，②，③を踏まえて，④ハルキへの今後の対応，⑤母親への今後の対応について，考えてみましょう。ハルキの主治医に対応の仕方について助言を受けることや，母親と相談し合いながら，ハルキへの対応を考えていくことも，母親への対応にもつながります。

　このエピソードのように，病後，怪我のリハビリ等，子どもの負担がかかる

状況には特に配慮が必要であり，母親に対してもこまめに園での様子を連絡するなど特に配慮する必要があります。また，子どもの病気や怪我の症状について理解しておくことで子どもの異変にも気が付くことができます。

> **エピソード 5**　言葉の発達が気になる3歳児のモエ
>
> 　担任教諭は，3歳女児のモエについて他児に比べると身体が小さく，幼い印象があり，特に言葉の発達について気になっていました。入園から2カ月経ったある日，モエの母親から相談したいことがあると，連絡帳に書いてありました。担任教諭は，すぐに日程を調整し，降園後に母親に幼稚園に来てもらい話を伺いました。
>
> 　母親は，「義母から担任の先生に相談するように言われた。早生まれだということもあるのか，他の子どもに比べて発音に誤りがあり，話し方がはっきりしていない。幼稚園に入園して同年齢の子どもたちをみていると，モエは言葉の発達が遅いのではないか心配である。義母も気にしている」と話しています。
>
> ＜家族環境＞
> 　父親：30歳
> 　母親：26歳
> 　祖母（父方）：58歳　同居
> 　祖父（父方）：3年前に死去

このエピソードについては，モエの言葉の遅れの背景としての家庭環境とその後の言葉の遅れの対応について，支援を考えてみましょう。

家族環境については，母親の会話の中で，なぜ母親は「義母」という言葉を何度も口にするのか，母親の言動の背景を加味して考えてみましょう。また，その後の対応として，専門家，専門機関との連携と協働について考えてみましょう。

① モエへの今後の援助について考えてみましょう。
② モエの母親の気持ちと今後の援助について考えてみましょう。
③ その後，言葉の発達に変化が見られなかった場合に連携する専門機関はどこでしょうか？
④ このエピソードについて，あなたが感じたことを述べてください。

　ひとつの考え方として，①，②について筆者の考えを述べておきます。これは，あくまでもひとつの考え方ですので，まず，ご自身の考えをまとめておくことが大切です。
　まず，①モエへの今後の援助について考えてみましょう。モエの言葉の遅れについては，発達の問題なのかそれとも単なる経験不足なのか，慎重に観察する必要があります。家族環境からモエは家族の中でたった一人の子どもであり，モエに対して母親と祖母とで十分過ぎるほど手を掛けられる環境にあると考えられます。そのため，モエが自発的に行動する前に周囲が考え，先走って関わっていることが考えられるため，モエは自分の意思を言葉で表現する経験が乏しい可能性もあります。
　幼稚園では，担任教諭だけで対応するのではなく，他の教職員にも助言を求め気に掛けてもらってもよいでしょう。幼稚園の教職員が共通認識を持ってモエの発言を促す関わりを心掛けるなど，さまざまなかかわりの提案を教職員で協議し共有していくこともとても大切なことです。こういった園内の体制作りは，モエのことだけではなく他の子どもたちへの援助にも大切だといえます。母親にも，幼稚園でのかかわりの仕方を知らせ，家庭でのモエへのかかわり方のひとつの手立てとして提案することで母親の心の支えとなるでしょう。
　次に，②モエの母親の気持ちと今後の援助について考えてみましょう。家族環境と母親の「義母」という言葉から，モエの母親は常に義母の言動を気にしていると考えられます。もしかすると，義母の影響が大きく母親自身の子育て観も揺らいでいる可能性もあります。母親の気持ちも理解し，母親自身が自信を持ってモエとかかわれるように援助していきたいものです。

このエピソードのように子どもの発達の遅れを気にする母親の対応については，慎重に対応する必要があります。発達の遅れなのか，それとも単なる経験不足なのか，慎重に観察し支援を考えることが重要です。

※謝　辞
　乳幼児を支援する専門機関の実際の取り組みについて，掲載をご快諾，ご協力いただきましたＴ町教育委員会に心から感謝申し上げます。

──────── 引用文献 ────────

1)『発達心理学辞典』ミネルヴァ書房，1995 年，284 頁。
2) 國分康孝『カウンセリング辞典』誠信書房，1990 年，513 頁。
3)『幼稚園教育要領』平成 20 年改訂，平成 21 年施行，文部科学省。
4)『保育所保育指針』平成 20 年改訂，平成 21 年施行，厚生労働省。

・・・・・・・・・・・・・・ 参考文献 ・・・・・・・・・・・・・・

小田　豊・秋田喜代美編著『子どもの理解と保育・教育相談』みらい，2008 年。
福丸由佳・安藤智子・無藤　隆編著『保育相談支援』北大路書房，2011 年。
前田敏雄監修，佐藤伸隆・中西遍彦編集『演習・保育と相談援助』みらい，2011 年。

参考資料
幼稚園教育要領[3]

> 第 3 章　指導計画及び教育課程に係る教育時間の終了後等に行う教育活動などの留意事項
> 第 2　教育課程に係る教育時間の終了後等に行う教育活動などの留意事項
> 1．地域の実態や保護者の要請により，教育課程に係る教育時間の終了後等に希望する者を対象に行う教育活動については，幼児の心身の負担に配慮すること。また，以下の点にも留意すること。
> (1) 教育課程に基づく活動を考慮し，幼児期にふさわしい無理のないものとなるようにすること。その際，教育課程に基づく活動を担当する教師と緊密な連携を図るようにすること。

(2) 家庭や地域での幼児の生活も考慮し，教育課程に係る教育時間の終了後等に行う教育活動の計画を作成するようにすること。その際，地域の様々な資源を活用しつつ，多様な体験ができるようにすること。
(3) 家庭との緊密な連携を図るようにすること。その際，情報交換の機会を設けたりするなど，保護者が，幼稚園と共に幼児を育てるという意識が高まるようにすること。
(4) 地域の実態や保護者の事情とともに幼児の生活のリズムを踏まえつつ，例えば実施日数や時間などについて，弾力的な運用に配慮すること。
(5) 適切な指導体制を整備した上で，幼稚園の教師の責任と指導の下に行うようにすること。
2. 幼稚園の運営に当たっては，子育ての支援のために保護者や地域の人々に機能や施設を開放して，園内体制の整備や関係機関との連携及び協力に配慮しつつ，幼児期の教育に関する相談に応じたり，情報を提供したり，幼児と保護者との登園を受け入れたり，保護者同士の交流の機会を提供したりするなど，地域における幼児期の教育のセンターとしての役割を果たすよう努めること。

保育所保育指針[4]

第1章　総則　2 保育所の役割
(3) 保育所は，入所する子どもを保育するとともに，家庭や地域の様々な社会資源との連携を図りながら，入所する子どもの保護者に対する支援及び地域の子育て家庭に対する支援等を行う役割を担うものである。
保育所保育指針　第6章　保護者に対する支援
1. 保育所における保護者に対する支援の基本
子どもの最善の利益を考慮し，子どもの福祉を重視すること。
(1) 保護者とともに，子どもの成長の喜びを共有すること。
(2) 保育に関する知識や技術などの保育士の専門性や，子どもの集団が常に存在する環境など，保育所の特性を生かすこと。
一人一人の保護者の状況を踏まえ，子どもと保護者の安定した関係に配慮して，保護者の養育力の向上に資するよう，適切に支援すること。
子育て等に関する相談や助言に当たっては，保護者の気持ちを受け止め，相互の信頼関係を基本に，保護者一人一人の自己決定を尊重すること。
子どもの利益に反しない限りにおいて，保護者や子どものプライバシーの保護，知り得た事柄の秘密保持に留意すること。

地域の子育て支援に関する資源を積極的に活用するとともに，子育て支援に関する地域の関係機関，団体等との連携及び協力を図ること。

2. 保育所に入所している子どもの保護者に対する支援

保育所に入所している子どもの保護者に対する支援は，子どもの保育との密接な関連の中で，子どもの送迎時の対応，相談や助言，連絡や通信，会合や行事など様々な機会を活用して行うこと。

保護者に対し，保育所における子どもの様子や日々の保育の意図などを説明し，保護者との相互理解を図るよう努めること。

保育所において，保護者の仕事と子育ての両立等を支援するため，通常の保育に加えて，保育時間の延長，休日，夜間の保育，病児・病後児に対する保育など多様な保育を実施する場合には，保護者の状況に配慮するとともに，子どもの福祉が尊重されるよう努めること。

子どもに障害や発達上の課題が見られる場合には，市町村や関係機関と連携及び協力を図りつつ，保護者に対する個別の支援を行うよう努めること。

保護者に育児不安等が見られる場合には，保護者の希望に応じて個別の支援を行うよう努めること。

保護者に不適切な養育等が疑われる場合には，市町村や関係機関と連携し，要保護児童対策地域協議会で検討するなど適切な対応を図ること。また，虐待が疑われる場合には，速やかに市町村又は児童相談所に通告し，適切な対応を図ること。

3. 地域における子育て支援

保育所は，児童福祉法第四十八条の三の規定に基づき，その行う保育に支障がない限りにおいて，地域の実情や当該保育所の体制等を踏まえ，次に掲げるような地域の保護者等に対する子育て支援を積極的に行うよう努めること。

地域の子育ての拠点としての機能
子育て家庭への保育所機能の開放（施設及び設備の開放，体験保育等）
子育て等に関する相談や援助の実施
子育て家庭の交流の場の提供及び交流の促進
地域の子育て支援に関する情報の提供

第8章
子どもと保護者の理解を深め，信頼関係を築こう

本章のねらい

　保育者が支援を行うには，保護者との信頼関係の形成がかかせません。

　本章では，子どもや保護者を多面的にとらえ，理解することがどのような意味を持つのか，その重要性の理解を深めましょう。また，保育者には柔軟な対応とコミュニケーション能力が必要といえます。その基礎である理論を学び，日々の保育の中で，「カウンセリングのスキル」と「コミュニケーション・スキル」の活用をめざしましょう。

① **子どもや保護者を多面的な視点で理解しましょう。**

　子どもや保護者の行動には，背景があります。さまざまな視点で観察することで，子どもや保護者の理解も深めましょう。

② **保護者との信頼関係の形成について学びましょう。**

　保育現場で子どもや保護者との会話，面接時に活用できる「カウンセリング・スキル」や「コミュニケーション・スキル」を学び，子どもや保護者に対する援助の姿勢について理解しましょう。

③ **園で出会うエピソードから考えてみましょう。**

　対象となる子どもや保護者に寄り添って考えることであなた自身の見解が生まれ，支援につながります。子どもや保護者への理解や対応について，エピソードからその学びを深めましょう。

第1節　子どもや保護者を理解する

　日々の保育の中で、保育者は子どもに対するさまざまな気づきを持ちます。それは、保育者が経験的に培ったものであり、日々の個々の子どもへの理解によるものだといえます。

　保育者が日頃から子どもの行動や態度に関心を持ち、理解しようとすることで、子どもの変化をとらえられるようになります。子どもに関心を向けることで、理解が深まり、子どもの興味関心や発達の課題が見えてきます。保育者はそれらを基に子どもへの対応や言葉がけなどの援助方法、配慮する点など、その子どもに対する保育につなげていきます。

（1）子どもに関心を向ける

　子どもを理解するには、さまざまな視点を持つことが必要となります。例えば、今日の服装はどうか、お弁当の内容は、言葉や表情は、他の園児との関わりは、保育者への態度は、といったことに視点を向けるのです。多面的に子どもの様子をとらえていくと、より理解が深まるでしょう。また、子どもへの理解を深めることは、保護者への支援にもつながります。保護者に対しても、子どもに対して向ける関心と同じ気持ちを持ち、同じように理解しようとすることは支援していく上で重要です。

（2）多面的な視点で子どもを理解する

　子どもの現状には、複合的な背景が考えられます。そして、子どもを理解するために、例えば、①発達、②行動、③人との関わり方、④家族環境などの多面的な視点が必要といえます。

　次にその視点について説明しておきたいと思います。

① 子どもの発達の背景に目を向ける

　子どもの発達には個人差があります。他児と比較して気になる点があった場合，入園するまでの養育環境や家庭環境を考慮し，それが発達の遅れなのか，それとも経験不足からなのか丁寧に観察，理解する必要があります。

② 子どもの行動の意味を理解する

　行動内容，遊びの展開の仕方，行動の特徴など，保育中の子どものさまざまな行動について観察します。例えば，制作時に保育者の説明がなかなか伝わりにくかったり，なかなかうまくはさみを使えなかったり，折り紙をうまく折ることができなかったりといった保育者にとって気になる子どもがいた場合，それが手先の器用さの問題なのか，理解力不足の問題なのかといった視点から観察してみます。すると，その子どもにとって，何度説明しても理解できない状況であるのか，その年齢には難しい制作だったのか，あるいは単なる経験不足から生じていたことなのかなど，その子どもの行動の要因を理解することができます。また，子どもの行動に変化があった場合にも，その要因について，さまざまな視点から考えてみることが大切です。

　さらに，「子どもの描く絵に目を向けたとき，その絵画について，色彩，筆圧，何を描いているかなどから，子どもの言葉にできない想いを，絵画を通して伝えようとしている可能性があることも示唆されています。子どもが以前に描いた絵と比べて，そこに何らかの変化が生じている場合，たとえば，今までの絵と違った内容，色，形，描き方になっている場合には，注意を要する場合があります。」[1]　絵画に変化が見られた場合，その絵については本人から話を聞いてみるとよいでしょう。そして，本人の話を参考にしてその要因について考えましょう。こうした保育者のかかわりがその子どもの課題や問題点を抽出するきっかけになるかもしれません。

③ 子どもの対人関係を理解する

　園生活での友だちや保育者との関わり方から，子どもの社会生活における特

性がみえてきます。例えば、友だち同士で仲良く遊べる子どももいれば、他の子どもたちが友だち同士で遊びを楽しんでいる中、なかなか保育者のそばから離れない子ども、友だちと関わろうとせずひとりで遊んでいる子ども、友だちと衝突することが多い子どもなど、子どもの人とのかかわり方はさまざまです。このように、子どもの人との関わり方に関して理解を深めることで、社会生活における子どもの課題をとらえることができます。

④ **子どもの家族環境を理解する**

　子どもの背景にある家族環境からも、その子どもの行動の背景をとらえることができます。家族環境については、ジェノグラムを用いて学びましょう。ジェノグラムについては、次の（3）で詳しく説明します。

（3）ジェノグラムを活用し、子どもの背景にある家族を理解する

　幼稚園、保育所や認定こども園などでは、年度初めに家庭調査票を保護者に記載してもらいます。調査票には、成育歴、既往歴等が記載されています。保育者は、これらの情報の他に、保護者の子育て観や子どもの家族の中での子どもを知ることで、その子どもをより深く理解することができます。子どもの背景に存在している家族を知ることでより深く子どもや保護者を理解することができます。ここでは、文字で書かれた子どもの背景にある家族の理解を深めるため、（2）で述べたジェノグラムについて学びましょう。

　ジェノグラムとは、家族関係を図式化します。下記の基本的な表記方法に示されているように、図式化することで視覚的に理解しやすくなり、さまざまな側面から家族のつながりについて推測することができます。つまり、家族を理解する上で子どもの背景にある家族関係の見立てにつながります[2]。例えば、社会福祉等援助職は、ジェノグラムを活用し、家族の関係性をみていき、その上で支援につなげていきます。保育者がジェノグラムを活用することは、子どもの背景に家族が存在し、その家族がどのようにその子どもに影響しているかを推測することで、子どもや保護者に対しての理解が深まると考えられます。

＜基本的なジェノグラムの表記方法＞[3]
　男性は□，女性は○で表記します。男性が左，女性を右に表記します。
　年齢は，□や○の中に表記します。
　本人は二重の□や○で表記します。
　夫婦は，男性□と女性○を横線でつなぎます。離婚の場合は，夫婦をつなぐ横線に斜め二本線を加えます。
　子どもは，夫婦（男性□と女性○）をつなぐ横線から縦線を下し，子ども（男の子□や女の子○）を繋いで書きます。妊娠は△，死亡は□や○の中に×を表記します。
　きょうだいは，左が年長の子ども，右にいくほど年少の子どもとなるように表記します。
　同居している家族メンバーは線で囲みます。

では，次に，あなたの家族のジェノグラムをわかる範囲で書いてみましょう。その上で，ジェノグラムを書いてみて，あなたの家族について気がついたことを具体的に記してみましょう。

第2節　保護者との信頼関係の形成のために

　これまで述べてきたように，保育者は，子どもの日頃の様子を観察し，理解を深めていきます。子どもを深く理解することで，保護者からの相談に対して，子どもの現状や具体的な対処の提案につながります。また，保護者に対しても子どもに対してと同じように理解しようとする姿勢が大切となります。個人面談や家庭訪問はもちろん，送迎時の保護者の表情や言動，連絡帳の内容などから理解を深めることで，保護者の現状や悩みや課題をとらえ，支援につなげていきます。
　保育者がいくら子どもや保護者を想った助言や支援を行っても，対応次第で

は，保育者の気持ちが伝わらない場合があります。保育者にとっての保護者との信頼関係の形成は，保育者の保育を保護者に理解してもらう上でも重要なことです。保護者に対する日々の対応が信頼を生むといっても過言ではありません。

　保育者として，カウンセリングのスキルを意識してコミュニケーションをとり，円滑な信頼関係をめざしましょう。こういった信頼関係の形成の積み重ねが，子どもや保護者の問題点や課題を抽出する機会となり，支援につながっていきます。

　保護者の話を聴く際に，カウンセリングのスキルを用いるとより円滑にコミュニケーションにつながります。本節では，カウンセリングのスキルとして基本的な知識や技法を学び，保護者との円滑なコミュニケーションの留意点を理解しましょう。

(1) カウンセリングのスキルを保育場面で活用する

　日頃の保護者とのなにげない関わりが，相談しやすさに影響します。保護者は園で保育者を常に見ています。保育者の子どもへの丁寧な対応を見ることは，保護者の満足感とともに信頼関係の形成につながります。保育者は，保護者にとって最も相談しやすい相手になるには，信頼関係が形成されていることが前提となります。そこで，保育者が日頃から行えるカウンセリングのスキルやコミュニケーション・スキルを用いて，保育・教育相談のきっかけを作る場面として，個人面談・家庭訪問，初めての園生活，送迎時の対応，連絡帳での対応について学びましょう。どの場面でも保育者は信頼を得られるように保護者に対してきめ細やかな配慮を心かけましょう。

① アクティブ・リスニング（傾聴）の技法

　「積極的な聴き方のことをアクティブ・リスニング（傾聴）といいます。相手の話を文字通りの意味だけで受動的に聴くのではなく，「この人はどうしてこんな風な話し方をするのだろう」「どんな気持ちでこの話をしているのだろう」ということを理解するために，積極的な姿勢で話を聴くことです。聞き手が話

し手を大切にする気持ちを持ってアクティブ・リスニングをしていくと，話し手は自分の気持ちを率直にのびのびと話すことができ，内面的に変化する可能性があります。」[4]

　保育者が，保護者の話を聴く際には，彼らの考えや世界に関心を向けることです。それが結果として保護者の「受容」になります。

　受容とは「クライエントの表明に評価や判断を加えず，それをそのまま受け取ろうとする（多くは相槌という形で表現される）ことです。応答の技法というよりもっと深いレベルでのカウンセラーの受容的な態度や姿勢の意味で用いられます。無条件の肯定的尊重とほとんど同じ意味の内容です。」[5]

② 共感的理解

　ロジャーズ（Rogers, C. R., 1902-1987）は，「クライエントの私的な世界をあたかも自分自身のものであるかのように感じとり，しかもこの"あたかも…"の性質を失わないことと定義しました。クライエントの世界をその内的思考の枠組みから受け取り，それを共有しながらも，決して同一化や感情的癒着になってはならないということです。」[6]　ロジャーズによれば，「カウンセラーは受容的で共感的であることに加えて，自己一致している必要がある」とされ，「クライエントを目の前にして自分が感じていること・経験していることを否認したり，歪曲してはならないという。形だけの受容や共感では治療的意味は持たないわけです」[7]

　保育者が保護者の話を聴き，アドバイスとして専門的な意見を述べることも重要な役割ですが，話を聴く場合はすぐに意見はせず，まずは保護者の話を最後まで聴いてみましょう。保育者が保護者の話を聴く以外の場面でも，まずは相手の話をそのまま受け止め，相槌をつくと相手も安心して話しやすくなります。子どもに対しても同様です。常に，子どもや保護者が安心して話せる保育者を目指しましょう。

③ 支　持

「支持もカウンセリング技法のひとつであり，言語的レベルの支持と非言語的レベルの支持があります。言語的レベルにおける支持とは，クライエントの言動に賛意を表明する方法です。カウンセラーの言葉により，クライエントの自信と自己受容を高めるのがねらいです。非言語的レベルの支持は，実際の働きかけを含み，クライエントの能力の足りないところを補う「具体策」を講じることです。ねらいは，クライエントの独立能力，自立心を育てることにあります。留意点は支持の有無の判断が適切であることです。不適切の場合，クライエントの依存性を育てることになります。」[8]

保育者が言語的レベルで支持することとして，例えば保護者の子育てについて賞賛することが挙げられます。保育者に褒めてもらうことで保護者は子育てについて自信を高めます。非言語レベルでの支持は，例えば，保育者が実際に関わり方，言葉がけの仕方を保護者に見せることで，保護者自身の気づきを促します。

④ 明確化

「明確化とは，来談者のはっきりと意識化（言語化）されていない潜在意識レベルのところをカウンセラーが先取りして言葉で表現してあげることです。カウンセラーは来談者が最も伝えたいと感じているところを感じとり，伝え返していきます。明確化において最も重要なことは正解を示すことではなく，来談者の体験過程を敏感に感じ取ることです。」[9]

例えば，保育者は子どものトラブルの場面等で子どもの想いを代わりに言葉で表現します。つまり，言葉が未発達な子どもに対して保育者はその想いを言語化し，明確化しているのです。保護者に対しても，保護者がいいたいだろうということや言葉にならないことを察し，言語化し，明確化します。理解してくれる，理解しようとしてくれるといった保育者の存在は，子どもにとっても保護者にとっても，支えとなり，安心感につながるでしょう。

⑤ 保育者の問いかけ

「質問技法には閉ざされた質問と開かれた質問があります。閉ざされた質問とは，「はい」「いいえ」など簡単に数語で答えられる問いかけであり，開かれた質問とは，「〜は何ですか？」「〜はいかがですか？」と自分の言葉で詳しく語らせる聞き方です。」[10]

閉ざされた質問と開かれた質問という質問技法は，言葉が未発達な子どもやなかなか想いを上手く伝えられない子どもにも用いることができます。保護者の中には，饒舌な方もいれば，口下手の方もいます。送迎時や個人面談，家庭訪問，連絡帳においても，コミュニケーションをとる際にこの質問技法を用いてみるとよいでしょう。

第3節　園における相談支援

保護者にとっては，子どもが友だちと遊んでいるか，一斉活動ができているか，昼食を食べているかなど，園生活が見えないだけにその心配はつきません。また，子どもの年齢によっても心配な点は異なります。例えば，3歳未満児の学級では，「自我の芽生えについて」や「トイレットトレーニングについて」，入園したての年少児は，「園生活について」，「給食について」，だいぶ園生活に慣れてきた年中児は，「友だち関係について」，年長児は，「集団生活について」，「就学に向けて（理解力はあるのか，授業中きちんと座っていられるか）」といったように，保護者の興味関心や心配な点も，年齢や発達段階によって異なります。園での子どものことを知りたいという保護者の気持ちを理解し，丁寧に対応していきましょう。

子どもの対応について悩んでいる保護者には，連絡帳や送迎時に保育者の子どもへの関わりのエピソードやその関わりの目的や子どもの反応，子どもの成長について伝えましょう。また，前もって関わり方について助言し，送迎時に保護者の前で子どもへの声かけや対応などの実際の様子を見てもらうことも支援となります。

（1）個人面談・家庭訪問

　個人面談や家庭訪問は，担任保育者，保護者双方にとって初めて個別に時間をとって話ができる貴重な機会となります。年度初めに行われることが多いので，子ども一人ひとりの園での様子はもちろん担任として，安心して子どもの貴重な1年間を任せていただけるように，子ども一人ひとりの園や学級での様子（遊び，友だち関係など）はもちろん，日頃の様子，気になっていること，学級としての1年間の目標，その子どもの目標などの会話の内容をあらかじめ考えておきましょう。

　また，時間が限られていますが許す範囲で，年度初めに記載してもらっている家庭調査票で気になったこと（家族環境，生育歴等）を聴き，子どもや保護者の理解を深めます。さらに，保護者には，子どもの家庭での様子，気になることなどがあるかを聞き，保護者の安心感につなげるとよいでしょう。せっかくの機会ですので，有意義な時間をめざしましょう。

　個人面談や家庭訪問は，日程が組まれており，時間に限りがありますので，保護者がもっと話したい様子であれば，別日に日程を組むなど，提案しましょう。もっと担任の先生と話したいということは，保育者と保護者とのよりよい信頼関係の形成のチャンスです。丁寧に対応しましょう。

　保護者との信頼関係の形成のためには，個人面談，家庭訪問，送迎時の対応といった直接顔を合わせるコミュニケーションがあります。なかなか会えない保護者には，連絡帳というツールを活用します。

（2）連絡帳を活用する

　保護者が気軽に相談できるような環境を整えることが大切です。信頼関係が形成されていくと，保護者も子どもへの想いを語ってくれるようになります。しかし，毎日送迎時などに顔を合わせていても，保育者を信頼できる相手だと感じていても，他の保護者もいる中では話しにくいこともあります。それだけに連絡帳は，個別対応ということで，人目を気にせず，日頃感じていることや相談したいことを記せるという点から，相談しやすいツールであるといえま

す。その上，連絡帳は残るものです。卒園してもずっと大切に保管してくれる保護者もいます。連絡帳の内容は，成長の記録など，ポジティブな内容とし，ネガティブな内容は直接会って話すようにしましょう。相談内容によっては，神経質になりやすいので，文章には十分留意する必要があります。まずは，保護者の想いを受け止めましょう。保育者にもそれぞれ保育観があるように，保護者にもそれぞれ子育て観があります。ときには保育者の見解と保護者の見解が異なることがあります。保育者が子どものことを十分受容した上で園での様子を書いたとしても，共感して受け止めてもらえない場合もあります。そこで，保護者から受け止めてもらえる伝え方を工夫する必要があります。伝え方としては，保育者がわかりやすいと思っても，保護者には伝わらないことがあります。なるべく具体的にわかりやすい文章を心がけましょう。文章では語弊が生じてしまう可能性がある場合は，連絡帳や電話ではなく，送迎時など顔を合わせて話しましょう。もし，保護者から相談の内容が書かれてきた場合も，即答せず，面談の日時を設定し，提案しましょう。

　連絡帳は，個別に対応できるツールであり，幼稚園，保育園や認定こども園などでは，個々の子どもの園での様子を記載しています。担任保育者がその子どもをどのようにとらえているか，どのようにその子どもの成長を支えていきたいかなど，担任保育者の保育観を書くことができます。保育者にとっては，担当する子どもの園内での様子から子どもへの理解が深まり，自分の保育を振り返る機会にもなります。また，子どもの家庭での様子を知ることができ，今後の子どもへの対応の参考にもなります。保護者にとっては，園での子どもの様子を知ることができ，保育者の子どもに対する想いや保育方針を理解し，保育者への信頼関係の形成につながります。保護者は家庭での子どもの様子を書くことによって，子どもについてより深い理解につながります。そして，日頃の子育てで困ったときに保育者に助言を求めることができるのです。

　子どもの様子をよく観察していると，子どものさまざまな面に気づきます。前述のように連絡帳は保育者が保護者に個別対応できるツールなのです。連絡帳にも，保護者の知りたい個々の子どものさまざまな面（子どもの成長の様

子，子どもの遊びの様子，日々のエピソード，保育者とのふれあい，友だちとのかかわり）[11]を書くことで保護者との信頼関係にもつながるでしょう。

　保護者は，連絡帳をとても楽しみにしています。卒園してもずっと大切にしているという保護者もいるほど，保護者にとって想いが詰まったものであるといえます。筆者は，連絡帳とは保育者と保護者の子どもの成長を共有する交換日記であると考えています。連絡帳では，保育者も保護者からの文章は励みになりますが，いくら書いても捺印だけの保護者もいます。その際にも，カウンセリングやコミュニケーションのスキルを活用するとまた違ってくるかもしれません。

第4節　園で出会うエピソードから

　第7章においても述べたように，エピソードのとらえ方は経験や知識によって変化していくものであり，それは保育者としての成長の証ともいえます。

　本章の最後にも，保育現場で実際に生まれているエピソードを紹介したいと思います。そのエピソードについて，是非，それぞれの質問に対するあなたの考えをまとめてみてください。それが，子どもや保護者への理解や対応を深め，支援への礎になることを願っています。

> **エピソード 1**　なかなか幼稚園や保育者に馴染まないハルカ
>
> 　満3歳女児のハルカは，母親の育児休業終了とともに満3歳児として幼稚園に入園しました。入園当初から現在（10月）まで，登園するとしばらく自分のロッカーに顔を入れたまま，誰が声をかけても動きません。声をかけるとさらに顔をロッカーの奥に向けます。登園時は園に到着した途端，表情が固くなり，幼稚園生活の中ではほとんど笑顔が見られません。担任教諭は，ハルカに対して適宜声をかけ，無理強いせずに園生活が送れるように見守っています。

<家族環境>
　父親：38歳　公務員
　母親：37歳　公務員
　母方祖父母：近距離に母親の弟と居住。ハルカの送迎と母親が帰宅する
　　　　　　　までハルカを預かっている。

　このエピソードでは，ハルカの発達段階と家庭環境の視点を持って，対応について考えてみましょう。
① 家族環境からジェノグラムを作成し，ハルカの家族環境について考えてみましょう。
② ハルカは，なぜロッカーに顔を向けたまま，誰が声をかけても動かないのでしょうか？　発達の視点からハルカについて考えてみましょう。
③ ハルカの母親の気持ちについて考えてみましょう。
④ ハルカへの今後の対応について考えてみましょう。
⑤ ハルカの母親への今後の対応について考えてみましょう。
⑥ ハルカの母親に連絡帳を書いてみましょう。
⑦ このエピソードについて，あなたが感じたことを述べてください。

　ひとつの考え方として，②，③について筆者の考えを述べておきます。これは，あくまでもひとつの考え方ですので，まず，ご自身の考えをまとめておくことが大切です。
　まず，②ハルカは，なぜロッカーに顔を向けたまま，誰が声をかけても動かないのでしょうか？　発達の視点からハルカについて考えてみましょう。
　ハルカは，満3歳児として入園しています。母親は公務員であり産休育休を取得しています。入園前まで，母親としっかり愛着を形成したことが考えられます。園生活では，表情が固く，ロッカーに顔を向けたままでいるとありますが，その姿からは母親との分離不安を経験し，ハルカなりに葛藤していると考えられます。無理強いをせず，温かく見守る保育者の存在に支えられ，次第に

園生活に慣れていくと考えられます。

　次に，②ハルカの母親の気持ちについて考えてみましょう。ハルカの様子は，送迎を行っている祖母から聞いていると推測されます。母親自身も出産後初めてハルカと離れ仕事に復帰しており，ハルカのことを心配していると考えられます。母親の不安な気持ちを察し母親に安心して園に預けてもらえるように，こまめにハルカの様子を伝え，保育者としてどのように関わっているのかなど連絡をこまめに行うことも保育者による支援のひとつであるといえます。こういった母親の分離不安についても理解し支援していくことが保育者と保護者との信頼関係形成につながります。

　このエピソードのように，入園は子どもや母親にとって大きな転機であり，不安や緊張が高まりやすいため，保育者は見通しを持って保育を行いますが，それを母親にも伝えてあげることで不安軽減につながると考えられます。

エピソード 2　チック症状が見られるエイタ

　担任教諭は，5歳男児のエイタがよく鼻を鳴らしていたり，目をパチパチさせたりしている様子をよく見かけ，気になっていました。エイタに幼稚園での様子を聞いてみると，「幼稚園は遊べるから楽しい。おうちに帰ると忙しいから自由に遊べる時間がない。幼稚園は本当に楽しい。」と話しています。そこで担任教諭は個人面談の際，母親にこういった言動や自宅での様子について聞いてみました。

　母親は，「エイタは，自宅でも，鼻を鳴らしていたり，目をパチパチさせたりしている様子が見られる。最近特に頻回であるため気になっていた。2歳上の小学生の姉がいて，同じように毎日のように習い事をさせている。エイタは早生まれだから他の子どもに比べると小学校に就学したら勉強についていけるか心配である。エイタが小学校に行っても困らないようにお姉ちゃんと同じように習い事をさせている」と話しました。

<家族環境>
　父親：37歳　自営業
　母親：39歳　専業主婦
　姉：7歳　小学校2年生

　このエピソードでは，エイタの症状の要因，母親との関係について視点を持って，エイタのチック症状について考えてみましょう。
① エイタの症状の要因について考えてみましょう。
② 母親の気持ちについて考えてみましょう。
③ エイタへの今後の対応について考えてみましょう。
④ 母親への今後の対応について考えてみましょう。
⑤ エイタの母親に連絡帳を書いてみましょう。
⑥ このチック症状がひどくなってきた場合の対応についても考えてみましょう。
⑦ このエピソードについて，あなたが感じたことを述べてください。

注）チックについて
　目をパチパチさせる，鼻をクンクンさせる，頭をふる，肩をすくめる，奇声を発するなどのさまざまな動作や症状が習慣的に無意識に表れること[12]をいいます。

エピソード 3　就学時前に不安定になってしまったサヤカ

　2月の後半のある日，自由な遊びの時間に，担任教諭がふと5歳女児のサヤカが洗面器で何かを洗っている姿を見かけました。一生懸命何かを洗っているので担任教諭が近づいてみると，なんと自分のパンツを洗っていました。驚いた担任教諭は，「どうしたの？　濡れちゃったの？　先生が洗うからいいよ。」と声をかけました。すると，「いい。自分でやる。」とサヤカ。担任教諭はビニール袋を準備し，「じゃあお手伝いするね。」とサ

ヤカが絞ったパンツをさらに絞りビニール袋に入れ，しばるというサヤカを見守りました。担任教諭が知る限り，サヤカがおもらしをしたことはありません。気になった担任教諭は，母親に電話をして報告しました。担任教諭は，就学前ということでプレッシャーを感じているのではないか，今後プレッシャーではなく楽しみにしていけるように配慮すると伝えました。すると，母親からは，これまでもおもらしのお土産はあり，就学のプレッシャーだけではなく，母親が現在妊娠5カ月であることも要因だったのではないかという言葉がありました。担任教諭が幼稚園でのことを，母親からは家族環境について情報を共有し，互いに本児の様子をみながら配慮を続けたことで，それ以来，おもらしはなくなりました。これまで，排泄で失敗したことはありませんでした。

＜家族環境＞
　父親：38歳　会社員
　母親：32歳　専業主婦　妊娠中

　このエピソードでは，就学前の年長児であることや家庭環境の視点を持って，サヤカのおもらしについて考えてみましょう。
① 家族環境からどんなことが考えられますか？
② サヤカの気持ちについて考えてみましょう。
③ サヤカの母親の気持ちついて考えてみましょう。
④ サヤカへの今後の援助について考えてみましょう。
⑤ サヤカの母親への今後の援助について考えてみましょう。
⑥ サヤカの母親に連絡帳を書いてみましょう。
⑦ このエピソードについて，あなたが感じたことを述べてください。

第8章 子どもと保護者の理解を深め，信頼関係を築こう ● 185

> エピソード 4 なかなか友だちと関わらないリュウヤ
>
> 　4歳男児のリュウヤは，4歳での入園です。リュウヤは，4月当初から一人で遊ぶ姿が多く見られ，担任教諭が他児と関われるように声をかけても「いい」といって他児との関わりはなかなか持ちません。保育室でも他児とは少し離れてお絵描きをしています。他児は満3歳児または3歳児からの入園がほとんどであったため，当該児だけ4歳児からの入園ということで担任教諭も特に配慮を心がけていました。担任教諭と同じように母親も心配していたので，園での様子はこまめに報告しました。調査票や個人面談や送迎時に入園前の当該児の様子を聞いていた担任教諭が，声かけしてもなかなか友だちの輪に入らない背景には，リュウヤは，入園前に同年齢の子どもとの関わりが乏しかったのではないかという見立てを持って様子を見ることにしました。よく観察していると，リュウヤは，他児が笑っている同じタイミングで一緒に笑うことに気が付きました。リュウヤの視線の先には，友だちがいて会話を聞いています。場所は離れていても遊びに参加していたことがわかりました。担任教諭は，少しずつリュウヤと他児の距離を縮められるように配慮しました。しばらくすると，他児と一緒に遊びを楽しむリュウヤの姿を見ることができました。
>
> ＜家族環境＞
> 　父親：36歳　会社員
> 　母親：34歳　パート　祖母（実母）の飲食店手伝い
> 　祖母：62歳　母方　自営業（飲食店経営）
> 　弟：2歳児

　このエピソードでは，リュウヤの友だち関係を発達と家庭環境の視点で考えてみましょう。
① 家族環境からどんなことが考えられますか？
② リュウヤへの対応について考えてみましょう。

③ リュウヤの母親への対応を考えてみましょう。
④ 送迎時にリュウヤの母親にどのように声をかけますか？
⑤ このエピソードについて，あなたが感じたことを述べてください。

> **エピソード 5** なかなか幼稚園に馴染めないリナと母親
>
> 　3歳女児のリナは，入園当初から毎朝通園バスに乗る際大泣きしています。泣きやんでも，一日中笑顔を見せず無表情であり，担任教諭や他児が問いかけても返答もありません。しかし，降園時の通園バスでは，迎えに来た母親の顔をみると満面の笑みを見せています。他児に比べ，リナがなかなか幼稚園生活に馴染めていないのではないかと担任教諭は心配しています。そこで，個人面談の際に，保育者は幼稚園での様子を報告し，母親から自宅での様子を聴きました。母親は，「自宅でのリナは，妹と仲良く遊んでいる。父親の転勤で1年前に引っ越してきた。母親自身，友だちと呼べる人が周囲にはいない。父親の仕事が忙しく帰宅時間が遅いため，子どもたちと母親の3人家族のようである。」と話しました。
>
> ＜家族環境＞
> 　父親：29歳　会社員　転勤族
> 　母親：27歳　専業主婦
> 　妹：1歳児

このエピソードでは，リナの行動を発達と家族環境の視点から考えてみましょう。
① リナの家族環境からどんなことが考えられますか？
② 発達の視点でリナについて考えてみましょう。
③ リナの母親の現状と気持ちについて考えてみましょう。
④ リナへの今後の対応について考えてみましょう。
⑤ リナの母親への今後の対応について考えてみましょう。

⑥　リナの母親に連絡帳を書いてみましょう。
⑦　このエピソードについて，あなたが感じたことを述べてください。

　エピソード1とエピソード5はともに園に馴染まない子どものエピソードです。これらのエピソードは入園時に子どもたちが経験する分離不安がベースにあります。
　エピソード1のハルカは，ロッカーに顔を向け，エピソード5のリナは泣くことで分離不安を表現しています。また，母親を取り巻く家族環境が異なります。エピソード1のハルカの母親は仕事の復帰，子育て支援を行ってくれる祖母（実母）が近所にいます。エピソード5のリナの母親は，子育ての手伝いをしてくれる祖父母の存在もなく，転居してきたばかりで相談できる知り合いもいません。父親も仕事が忙しく帰りが遅い状況であることから，身近に子どものことを相談する相手がいないことが推測されます。
　このように，同じようなエピソードであっても，背景にはさまざまことが考えられます。背景が異なるということは子どもや保護者に対する保育者の対応や支援も同じではないのです。

エピソード6　最近表情が暗いレイナ

　10月下旬のことです。担任教諭は最近レイナの登園時間が遅く，これまでの様子と比べて表情が暗いと感じていました。母親にレイナの園での様子を報告しようと送迎時に声をかけようとしても，すぐにレイナを連れて帰ってしまい，なかなかお話できずにいました。ある日，母親ではなく敷地内に同居する祖母がレイナのお迎えにきました。担任教諭は祖母に最近のレイナの幼稚園での様子を話し，母親となかなか話せない理由について聞いてみました。祖母は，はじめは躊躇していましたが，担任教諭が心配していることが伝わり，母親が朝なかなか起きられないこと，やる気が起きず家事ができないため，祖父母宅で食事を摂るようにしていること，幼稚園で他のお母さんと会うのがつらいと話していることを話してくれま

した。

　＜家族環境＞
　　父親：35歳
　　母親：35歳　　後にうつ病と診断されていたことがわかった。
　　祖父：62歳　　母親方　敷地内同居
　　祖母：60歳　　母親方　敷地内同居

　このエピソードでは，家族環境の視点からレイナの行動や表情の変化について考えてみましょう。
① レイナの家族環境からどんなことが考えられますか？
② レイナへの今後の対応について考えてみましょう。
③ 母親への今後の対応について考えてみましょう。
④ このエピソードで連携する専門諸機関はどこでしょうか？
⑤ このエピソードについて，あなたが感じたことを述べてください。

　このエピソードのように，「母親がうつ病など精神疾患を抱えている場合，子どもに対して愛情がわきにくくなり，ネグレクトや虐待の恐れがあります。」[13]　なお，ネグレクトや虐待については，第9章にて詳しく説明します。
　例えば，「母親がうつ病の場合，特に女の子では青年期になったときに，うつ状態や不安障害などの内面化症状がみられやすく，男の子では非行など外面化症状がみられやすく，シックマザー（うつ病など精神疾患を抱えている母親）の無気力で悲観的な気分や不安的な状態が影響し，子どもの不安を高め，前向きな意欲を奪ってしまい問題を引き起こしている部分がありますが，子どもの不適応行動の背景に，シックマザー特有の養育態度があることも多いのです」[14]。
　このエピソードから，保育者として，子どもの疾患だけではなく，保護者とくに母親の疾患にも目を向け，支援を行っていくということが子どもの支援にもつながることが理解できます。

────────── 引用文献 ──────────

1）林　健造『幼児の絵と心』教育出版，1976 年，165 頁。
2）モニカ・マクゴールドリック，ランディ・ガーソン，石川　元・渋沢多鶴子訳『ジェノグラムのはなし　家系図と家族療法』東京図書株式会社，1988 年。
3）2）と同じ。
4）國分康孝『カウンセリング辞典』誠信書房，1990 年，6 頁。
5）國分康孝『カウンセリング辞典』誠信書房，1990 年，269 頁。
6）國分康孝『カウンセリング辞典』誠信書房，1990 年，131-132 頁。
7）國分康孝『カウンセリング辞典』誠信書房，1990 年，220 頁。
8）國分康孝『カウンセリング辞典』誠信書房，1990 年，229-230 頁。
9）國分康孝『カウンセリング辞典』誠信書房，1990 年，536-537 頁。
10）國分康孝『カウンセリング辞典』誠信書房，1990 年，244 頁。
11）安堂達也『保育者のための早わかり　連絡帳の書き方　ハンドブック』民衆社，2011 年，50-55 頁。
12）國分康孝『カウンセリング辞典』誠信書房，1990 年，384 頁。
13）岡田尊司『シックマザー　心を病んだ母親とその子どもたち』筑摩書房，2011 年，55-88 頁。
14）岡田尊司『シックマザー　心を病んだ母親とその子どもたち』筑摩書房，2011 年，104-105 頁。

・・・・・・・・・・・・・・・ 参考文献 ・・・・・・・・・・・・・・・

阿部　恵『保育参観・懇談会（まるごと園行事シリーズ）』チャイルド本社，2009 年。
浅野房雄『一人一人を生かす保育カウンセリングの理論と実践』明治図書出版，2009 年。
小田　豊・秋田喜代美編著『子どもの理解と保育・教育相談』みらい，2008 年。
福丸由佳・安藤智子・無藤　隆編著『保育相談支援』北大路書房，2011 年。
前田敏雄監修，佐藤伸隆・中西遍彦編集『演習・保育と相談援助』みらい，2011 年。

第9章
特に配慮の必要な子どもや保護者の支援について学ぼう

本章のねらい

　特に配慮の必要な子どもや保護者に気づき，最も身近に支援できる存在が保育者だといえます。保育者が子どもや保護者の変化に気づき，子どもや保護者の想いに寄り添って支援を考えること，園だけではなくさまざまな専門家や専門機関との連携や協働につなげていくことは重要です。

　本章では，発達の気になる子どもや養育に課題を抱える子どもなど，特に配慮が必要な子どもや保護者への理解や支援について学びましょう。

① **発達の気になる子どもとその保護者について理解を深めましょう。**

　発達の気になる子どもに気づき，支援できる身近な存在が保育者です。発達の気になる子どもへの理解や対応について学びましょう。

② **養育に課題を抱える子どもとその保護者について理解を深めましょう。**

　子どもの異変に気づき，子どもや保護者を支援できる存在が保育者です。虐待の発見やその対応について学びましょう。

③ **園で出会うエピソードから考えましょう。**

　特に配慮の必要な子どもや保護者への理解や対応について，エピソードからその学びを深めましょう。

第1節　発達の気になる子どもとその保護者への支援

「近年，特別支援学校や特別支援学級に在籍している幼児児童生徒が増加する傾向にあり，通級による指導を受けている児童生徒も平成5年度の制度開始以降増加してきています。」[1] また，「発達障害とは，相対的な障害の軽さというこの障害が本来もつ性質に加え，子どもという発達の著しい時期に問題が顕在化すること，加えて，彼らを取り巻く周囲の環境によって障害の状態像が変化する可能性をもつ障害といわれています。」[2]

「発達障害の増加理由として，①「発達障害」という障害概念そのものがもつあいまいさと不確かさ，②診断する医師の症状観の変化，診断をする医師の増加，③検査方法の進歩（種類の増加と検査方法の細分化），④政府の支援強化による，当事者とその家族が利用できるサービスの質的，量的拡大，⑤保健所における健診の取り組み強化，⑥保育士や教師に対する早期発見，早期支援のプレッシャー，⑦保護者による特別支援教育に対する関心の高まり，⑧書籍やインターネットを通じた簡便な診断チェックリストの氾濫，⑨「育てにくい子ども」への気づきの増加が挙げられます。」[3]

こうした背景を踏まえ，保育者として，特に配慮を要すると考えられる子どもに対し，どのような視点を持ち，どのような支援ができるのかを考えてみましょう。

なお，発達障害者支援法の定義により，本章では，原則として「発達障害」と表記することをお断りしておきます。

（1）発達障害の定義

発達障害とは，発達障害者支援法には「自閉症，アスペルガー症候群その他の広汎性発達障害，学習障害，注意欠陥多動性障害その他これに類する脳機能の障害であってその症状が通常低年齢において発現するものとして政令で定めるもの」[4]と，定義されています。表9-1は，その定義についての内容を示

表9－1 主な発達障害の定義について[5]

自閉症の定義　＜Autistic Disorder＞
自閉症とは，3歳位までに現れ，1. 他人との社会的関係の形成の困難さ，2. 言葉の発達の遅れ，3. 興味や関心が狭く特定のものにこだわることを特徴とする行動の障害であり，中枢神経系に何らかの要因による機能不全があると推定される。

高機能自閉症の定義　＜High-Functioning Autism＞
高機能自閉症とは，3歳位までに現れ，1. 他人との社会的関係の形成の困難さ，2. 言葉の発達の遅れ，3. 興味や関心が狭く特定のものにこだわることを特徴とする行動の障害である自閉症のうち，知的発達の遅れを伴わないものをいう。また，中枢神経系に何らかの要因による機能不全があると推定される。

学習障害（LD）の定義　＜Learning Disabilities＞
学習障害とは，基本的には全般的な知的発達に遅れはないが，聞く，話す，読む，書く，計算する又は推論する能力のうち特定のものの習得と使用に著しい困難を示す様々な状態を指すものである。学習障害は，その原因として，中枢神経系に何らかの機能障害があると推定されるが，視覚障害，聴覚障害，知的障害，情緒障害などの障害や，環境的な要因が直接の原因となるものではない。

注意欠陥／多動性障害（ADHD）の定義　＜Attention-Deficit/Hyperactivity Disorder＞
ADHDとは，年齢あるいは発達に不釣り合いな注意力，及び／又は衝動性，多動性を特徴とする行動の障害で，社会的な活動や学業の機能に支障をきたすものである。また，7歳以前に現れ，その状態が継続し，中枢神経系に何らかの要因による機能不全があると推定される。

※アスペルガー症候群とは，知的発達の遅れを伴わず，かつ，自閉症の特徴のうち言葉の発達の遅れを伴わないものである。なお，高機能自閉症やアスペルガー症候群は，広汎性発達障害に分類されるものである。

したものです。

（2）保育者が理解することの意義

　保育者は，姿勢が悪くきちんと席に座っていられない子ども，制作時に他の子どもと比べて理解力が乏しいと感じられる子ども，手先が不器用だと感じ

子ども，リトミックやダンスをしているときに何度練習していても他の子どもとタイミングがずれる子どもなど，子どものさまざまな面が気になります。

「発達障害児の運動の問題として，①姿勢を保つのが困難，②手先が不器用，③特定の運動発達の顕著な遅れ，④集団行動で行動の最初のタイミングが皆とずれる，⑤うまくいかないのに同じ行動を繰り返すといった行動の問題が挙げられます。」[6]「保育者や教師は，診断は本務ではありませんが，子どもの普段の活動における様子，気持ち，友だち関係，成長を一番理解できる立場にあります。丁寧に観察することで，私たちには何でもないことが発達障害の子どもにはとても重要であること，ゆっくり教えれば時間がかかってもできること，得意，不得意があることなど自ずと理解できるようになります。日々の観察によって行動の特性が理解出来れば，その背景にある子どもの「意図」や「想い」が見えてきます。」[7]

このように，保育者によるその子どもの「意図」や「想い」の理解が，その子どもの支援につながっていくといえます。子どもを理解する大きな意味が，そこにあるといえるでしょう。

第2節　養育に課題を抱える子どもとその保護者の支援

「子ども虐待の対応の難しさは，虐待をする家族には，多くの問題（①親の生育歴の問題，②家庭の状況，③社会からの孤立，④子ども自身の要因）を抱えている場合がみられることにあります。（図9－1子ども虐待の発生要因を参照）　一人の専門家，一つの機関だけでは，十分な対応ができず，多くの分野の専門家がチームを組み，連携をはかることが必要となります。その対応は容易なことではありません。子ども虐待は社会に顕在化しにくいという特質があるため，早期発見，早期対処が何よりも大切です。」[8]　そのため，保育者が第一発見者となることも多いので保育者の視点が重要であるといえます。はじめに子どもの虐待のタイプを学びましょう。

<子どもの虐待のタイプ>[10]

① 身体的虐待…殴る，蹴る，投げ落とす，首をしめる，溺れさせる，逆さずりにする，タバコの火を押しつける，毒物を飲ませるなど，子どもに対する身体的な暴力。
② 性的虐待…子どもに性交をしたり，性的行為を行うこと。父親（実父，継父）が娘を対象とすることが多いです。兄が妹にというようにきょうだい間で起こることもあります。家庭外で知人や見知らぬ人から性的暴力を受けることを性的虐待とみることもできます。
③ 心理的虐待…「おまえなんかどうして産んだんだろうね」などといったり（言葉による脅かし），子どもからの働きかけに応えなかったり（無視），拒否的な態度を示すことで，子どもの心を傷つける（心理的外傷を与える）こと。
④ ネグレクト（放置，保護の怠慢）…健康状態を損なうほどの不適切な養育，あるいは子どもの危険についての重大な不注意。例えば，家に監禁する，学校に登校させない，重大な病気になっても医者に連れていかない，十分栄養を与えない，ひどく不潔なままにする，などです。親がパチンコをしている間，乳幼児を自動車の中に放置し，熱中症で子供が死亡したり，誘拐されたりする事件も，ネグレクトの結果といえます。

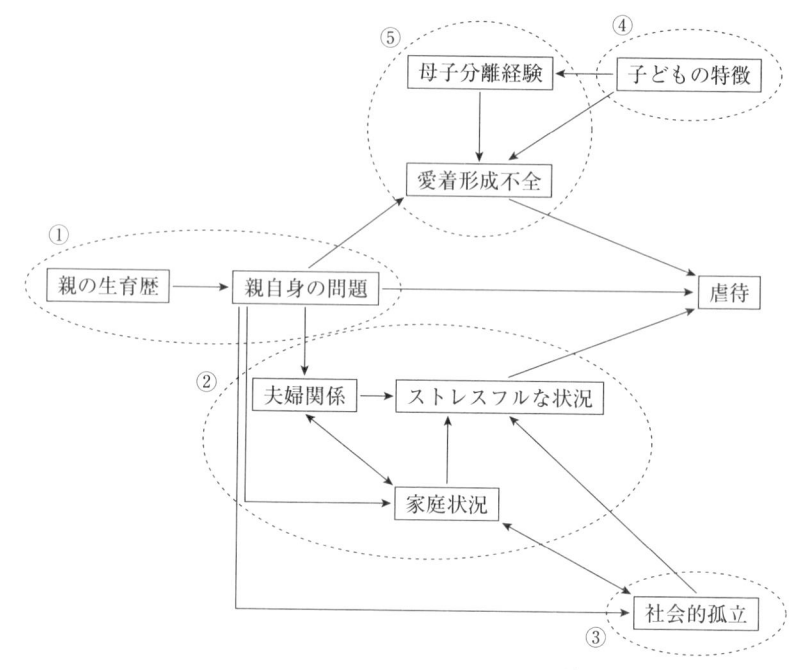

図9-1 子どもの虐待の発生要因[9]
出所：子ども虐待防止の手引き編集委員会編「子ども虐待防止の手引き」
社会福祉法人恩賜財団母子愛育会日本子ども家庭総合研究所。

(1) 保育者が虐待に気づくために

　幼稚園，保育所，認定こども園，学校などで虐待が発見されることは多いといわれています。保育の場では，保育者の意識がないと，見過ごされてしまうことがあります。
　「乳児の場合は，表情や反応が乏しく笑顔が少ない，特別な病気がないのに体重の増えが悪い，いつも不潔な状態にある，おびえた泣き方をする，不自然な傷がある，時折意識レベルが低下する，予防接種や健診を受けていないなど，幼児の場合は，表情に深みがない，他者とうまくかかわれない，かんしゃくが激しい，不自然な傷や頻回な傷がある，傷に対する親の説明が不自然である，他児に対して乱暴である，言葉の発達が遅れている，身長や体重の増加が悪い，

衣服や身体がつねに不潔である，基本的な生活習慣が身についていない，がつがつした食べ方をしたり，人に隠して食べるなどの行動が見られる等のような場合は虐待が考えられるといった視点で注意深く観察しましょう。」[11]　また，「親の様子として，親の子どもへの態度や言葉が拒否的である，子どもをしょっちゅうたたいているという，子どもがなつかないという，育児についての常識がない，育児の知識が偏っている，子どもの過食を訴える，子どもが抱かれようとしても抱き上げない，他のきょうだいに比べて，「この子はかわいくない」という，孤立しているようすがみられる，うつ状態にあるなどのような場合にも虐待が考えられるといった視点で観察しましょう。」[12]

　幼稚園，保育所，認定こども園などでは，毎月の身長体重の記録，衣服の着替えなどの場面で子どもの身体の変化を確認できる場面があります。こうした場面で不可解な外傷を発見する可能性があります。不可解な外傷には虐待が考えられるといった視点で注意深く観察しましょう（図9-2「身体的虐待と不慮の事故による外傷部位の相違」および表9-2「特徴のある外傷所見」を参照）。

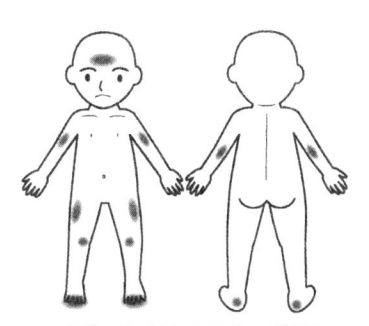

<事故でけがをしやすい部位>　　　<虐待によるけがが多い部位>

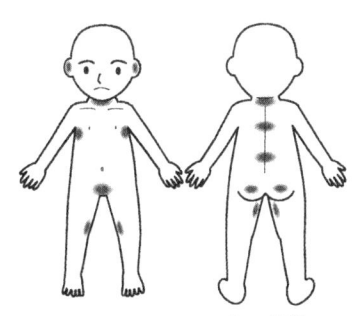

図9-2　身体的虐待と不慮の事故による外傷部位の相違[13]
出所：公益財団法人日本学校保健会『養護教諭のための児童虐待対応の手引き（平成21年出版）』日本学校保健会図書，2009年，22ページ。

表9－2　特徴のある外傷所見[14]

特徴のある外傷所見	
ループ状の傷	電気コードやロープをループ状に曲げて，鞭打つように打ち付けたときにできる傷である。
スラッピング・マーク	平手打ちによってできる皮下出血で，平手で打ち付けられた部分のうち指と指の間の箇所に線条痕が残る。加害者の手の大きさにもよるが線条痕，線条痕との距離はだいたい2cmくらいである。
上眼瞼の皮下出血（青あざ）	眼瞼をげんこつで殴られたときに多くできる。
噛み傷	左右の犬歯と犬歯の距離が3cm以上ある場合は，大人による噛み傷である。
脱毛（抜毛）	抜けた毛の毛根が発赤している，脱毛部分が腱膜下血腫によって膨隆しているなどの場合は，頭髪を引き抜かれたことによる脱毛が疑われる。
シガレット・バーン	直径が約8mmで境界鮮明な円形を呈しており，中央部分に周辺部分よりも深い火傷が認められる場合，紙巻きたばこを押しつけられた火傷である可能性が極めて高い。単一の場合よりも，複数個まとまって認められることが多い。
鏃マーク	液体が重力によって流れると先端が下向きに鏃状を呈する現象で，熱した液体を浴びせられたときにできる液体熱傷に特徴的である。これに対して，熱した固形物でできる接触熱傷ではその物体が当たっていた部分にしか熱傷痕は認められない。
水平線サイン	液体熱傷のうち，熱した液体に浸された場合，液体の上縁に一致して水平線が形成されて，熱傷の上縁を縁取る。この水平線を基に考えれば，どのような体位で液体に浸けられていたかが推測できる。

出所：公益財団法人日本学校保健会『養護教諭のための児童虐待対応の手引き（平成21年出版）』日本学校保健会図書，2009年，23ページ。

（2）虐待における援助のポイント

　保育者は，虐待を発見するだけではなく，その後の支援についても役割を担っています。それが，虐待における援助のひとつのポイントでもあります。親や家族に対する援助と子どもに対する援助について，次のような示唆があります。

　「親や家族に対しては，①つねに目をかけている，②家族を悪者扱いしない，虐待者を責めない，③親が子どもの行動を理解するのを助ける，④虐待が起き

ないために具体的に取れる方法を家族と一緒に考える，⑤児童相談所などへの相談する，⑥具体的な子育て支援の方法を考える」といった支援を，保育者として心がけましょう。そういった支援が，親や家族の孤立感を少なくし，結果として，親が安心して保育者に相談し，子育ての大変さを共感してもらうことで，親としての自信を回復し，追い詰められることを防ぎます[15]。「子どもに対しては，①子どもの自信をつける，②子どもが安心して気持ちを話せる場をつくるといった支援を心かけることで，子どもの自己肯定感が上がり，心も癒されます。」[16] このように，その後の援助は，その後の虐待の抑止および悪化の防止，親や子どものケアにつながっていきます。

　虐待の対応において保育者は，発見から援助と継続的に行うという役割を担っています。子どもや親に対して深い理解を持つ保育者ならではの役割がそこにはあることが理解できます。

（3）保育者としての援助

　保育者は，保育者としてその子どもや保護者を現状としてどのようにとらえ，どのように配慮し，具体的にどのような支援ができるかを考えます。保護者にとって保育者は，子どものことを最も理解してくれる身近な存在であり，信頼を寄せています。そういった存在から養育に関する指摘を受けたり，子どもの発達の遅れを伝えられた場合，信頼している保育者からであるだけに，トラブルが生じる場合もあります。そのようなトラブルを防ぐには，職員間の共通認識，外部諸機関への相談，連絡などの連携をきちんとしておくことが重要であるといえます。

　保育者の気づきが重要ですが，保護者に対して細かく注意し過ぎると，かえって幼稚園や保育所，こども園，そして保育者に対して保護者が心を閉ざしてしまうことがあります。連携諸機関と役割を分担し対応をすると，物事が円滑に進む場合があります。それぞれの立場の視点から，とらえることが大切です。保育者は保育者としてどのようにとらえ，そのように関わってきたかなどを述べられるようにしましょう。

第3節　園で出会うエピソードから

　これまで述べてきたように，保育者は自身の見解を持ちつつ，さまざまな立場からの情報や見解を共有して支援を行っていくことが，とても重要です。対象となる子どもや保護者に寄り添って考えることであなた自身の見解も生まれ，その見解がもとになり支援につながります。また，さまざまなエピソードについて，あなたが何を感じられるかということも，自身の見解を深めていく上で大切なことです。

　保育現場では，さまざまなケースに出会うことになりますが，子どもや保護者を理解しようとする姿勢が最も大切です。支援のはじまりは，子どもを，発達，行動，人との関わり，家族環境など，多面的にとらえ，理解し，家族や保育者，連携専門の想いを添えて支援を行うこと，常に子どもや保護者の想いに寄り添い，対応していくことです。

　そこで，本章においても，保育現場で実際に生まれているエピソードを紹介したいと思います。そのエピソードについて，是非，それぞれの質問に対するあなたの考えをまとめてください。それが，特に配慮を要する子どもや保護者への理解を深めていくための礎になることを願っています。

エピソード 1　発達の遅れを疑う母親

　新年度が始まり個人面談の際，担任教諭に4歳男児のシュンスケの母親から，「うちの子は発達障害ではないか。」という相談がありました。母親の話を聴いてみると，「TVで発達障害の子どもについて特集があった。3歳児の保育参観でシュンスケの様子を他の子どもと比べても，兄（5歳児）や弟（2歳児）と比べても，シュンスケは落ち着きがなく多動であると感じていた。TVをよく観ていると，当てはまることが多いと思った。何とかしなければと思ったがどうしたらよいかわからない。ちょうど個人面談があり，先生に聞いてみようと思った。」とのことでした。

〈家族環境〉
　父親：40歳　会社員
　母親：35歳　専業主婦
　兄：5歳児
　弟：2歳児
　祖父母と敷地内同居

　このエピソードでは，発達の遅れを疑う母親の気持ちとその後の対応について考えてみましょう。
① ジェノグラムを作成してみましょう。
② ジェノグラム（家族環境）からどんなことが考えられますか？
③ シュンスケへの今後の援助について考えてみましょう。
④ 母親の気持ちと今後の援助について考えてみましょう。
⑤ このエピソードについて，あなたが感じたことを述べてください。

　発達障害はその障害像があいまいでかつ多様です。母親のこのような言動の背景には，本章1節で紹介した発達障害の増加理由（①「発達障害」という障害概念そのものがもつあいまいさと不確かさ，⑦保護者による特別支援教育に対する関心の高まり，⑧書籍やインターネットを通じた簡便な診断チェックリストの氾濫，⑨「育てにくい子ども」）にも挙げられていることも考えられます。このような理由も踏まえて，考えてみましょう。
　ひとつの考え方として，③，④について筆者の考えを述べておきます。これは，あくまでもひとつの考え方ですので，まず，ご自身の考えをまとめておくことが大切です。
　では，③シュンスケへの今後の援助について考えてみましょう。
　新年度が始まったばかりということで，担任教諭はシュンスケについてまだ理解を深めていない状態であることが推測されます。シュンスケについて十分に観察し理解したうえで，対応を考えることになります。もし，担任による園

でのシュンスケへの見解と母親による家庭でのシュンスケの見解が異なるのであれば，ひとつの見解として，シュンスケは，中間子であることから，母親に対して気を引きたいという想いがあって家庭では他の兄弟と違った行動をしているのではないかということも考えられます。さまざまな見解を持ち，本人の行動と照らし合わせながら対応を考えましょう。

次に，④シュンスケの母親の気持ちと今後の援助についてですが，男児3人の子育ては，男児の活動性から考えると心身ともに疲労を感じていることが考えられます。担任保育士は，まず，発達障害だと疑う母親をすぐに否定するのではなく，十分に母親の話（自宅でのシュンスケの行動）を傾聴しましょう。十分話を聴いてもらうということで，母親の気持ちが落ち着くことがあります。また，園での様子を伝え，かかわり方次第で子どもの行動は変容することを伝えるなど，母親がシュンスケのかかわり方について考えられるようにしていくのもひとつの援助といえます。

このエピソードのようにすぐに発達障害に結びつけて考えるのではなく，子どもの行動の背景を考え，子どもを観察し理解することが何よりも子どもを援助や支援するためには重要なことだといえます。

エピソード2　発達の遅れが疑われるユウタの母親

担任教諭は，5歳男児のユウタについて，前々から不注意多動傾向であると感じており，小学校就学を前に，母親に医療機関への紹介について提案してみようと主任教諭に相談していました。担任教諭は，個人面談時において，母親に幼稚園での様子について話し，母親からは自宅での様子を聴きました。そして，母親にユウタの今後についてどう感じているか話してみました。母親の話によると，母親自身も本児が不注意多動傾向であることを感じてはいるものの，父親に相談しても「自分も子どもの頃，息子のようだった。大人になれば大丈夫じゃないか」といわれるだけで，話し合いもできない，同居している祖父母には相談しにくく，母親一人で思い悩んでいるとのことでした。担任教諭は，母親に相談機関があることとユ

ユウタにとって支援してもらうことのメリットを説明しました。1カ月後，母親からその後についての連絡がないため，担任教諭が心配し尋ねてみると，「どこにも相談には行っていない」との返答がありました。

＜家族環境＞
　父親：39歳　自営業
　母親：37歳　専業主婦
　父方祖父母と同居

このエピソードでは，保育者の見解を受容できない保護者の家族環境，保育者としての支援について考えてみましょう。
① ジェノグラムを作成してみましょう。
② ジェノグラム（家族環境）からどんなことが考えられますか？
③ ユウタへの今後の援助について考えてみましょう。
④ 母親の気持ちと今後の援助について考えてみましょう。
⑤ 就学を前に担任教諭として何ができるか専門機関との連携を視野に入れて考えてみましょう。
⑥ このエピソードについて，あなたが感じたことを述べてください。

　エピソード1とエピソード2は，同じように不注意多動行動傾向が見られる子どもに対する母親の対応の違いについてのエピソードです。エピソード1では，担任教諭の見解ではなく，母親が不注意多動行動イコール発達障害と先走っていました。このエピソード2では，担任教諭が，園での様子から専門家に診てもらった方がよいという見解を持ちました。園生活での様子を保護者に伝えることで心配させてしまうことがあります。保育者としては，安心して園に預けてもらうことも大切ですが，子どもの発達について気になることがあった場合，子どもへの支援を考え，保護者にも同じように気にしてもらうことも必要になります。このエピソードのように，担任教諭の心配する想いが保護者に

理解されない場合もあります。保育者の想いを保護者に理解してもらうということは，難しい課題のひとつであるといえます。

エピソード 3　行動から発達が気になるリク

　担任教諭は，4歳男児のリクが幼稚園で友だちと関わることがほとんどなく，一人でクルクル回っている姿がみられることや担任教諭や他の教職員が話しかけても視線が合わないこと，他児と比べてこだわりが強いことが気になっていました。個人面談時に，母親に自宅での様子を聞くと，「教えていないのにアルファベットが書け，世界中の国旗の国名が言えるので驚いている，ただ，散歩に連れていくとちょっと目を放した隙にどこかに行ってしまうことがあり，探し回らなければならないから大変だ」と話します。

＜家族環境＞
　父親：43歳
　母親：40歳
　祖父：74歳　同居
　祖母：72歳　同居

　このエピソードでは，リクの行動の特徴と今後の支援について考えてみましょう。
　ここでは，第1節を参照のうえ，ご自身の見解を考えてみてください。
① ジェノグラムを作成し，家族環境からどんなことが考えられますか？
② リクへの今後の援助について考えてみましょう。
③ リクの母親の気持ちと今後の援助について考えてみましょう。
④ このエピソードで連携する専門諸機関はどこでしょうか？
⑤ このエピソードについて，あなたが感じたことを述べてください。

エピソード 4 ネグレクトが疑われるジュン

　他園から転園してきた年長男児ジュンは，転園時より何日も同じ洋服で登園し，髪の毛もボサボサで顔も洗っていない様子が見られます。給食時には，勢いよく食べ，必ずといっていいほどおかわりを求めます。初夏になっても生地が厚い長袖を着てくるので，ジュンに着替えについて聞くと，自分で衣服を探して着て来ていると答えます。また，ジュンには0歳女児の妹アミがいます。アミの担当保育士からは，替えのオムツや着替えを持ってこないことが多く，連絡帳も何も記載されておらず捺印もないので読んだのかもわからない，入園時よりオムツかぶれがひどいので担当保育士が丁寧におむつ替えを行うことで，月曜日から週末にかけて徐々にオムツかぶれはよくなるものの，週明けにはまたひどく爛れているという報告があります。

　送迎時に担任保育士が話しかけても，母親は無表情でひどく疲れている様子で，担任保育士の問いかけに対してうなずくだけか，「はい，はい」というだけです。ジュンとアミは，母親が迎えに来てもあまり喜びません。

＜家族環境＞
　父親：24歳　無職
　母親：22歳　パート勤務　夜間清掃の仕事に就いている。

　このエピソードでは，ジュンとアミの行動の背景について，家族環境の視点から考えてみましょう。
① ジェノグラムを作成してみましょう。
② ジェノグラム（家族環境）からどんなことが考えられますか？
③ ジュンの気持ちと今後の支援について考えてみましょう。
④ 母親の気持ちと今後の支援について考えてみましょう。
⑤ 園として，ジュンとアミに対してどのような支援ができるか考えてみましょう。

⑥　このエピソードで連携する専門諸機関はどこでしょうか？
⑦　このエピソードについて，あなたが感じたことを述べてください。

　ひとつの考え方として，③，④について筆者の考えを述べておきます。これは，あくまでもひとつの考え方ですので，まず，ご自身の考えをまとめておくことが大切です。
　では，③のジュンの気持ちと今後の対応について考えてみましょう。
　保育者が日頃の保育で何ができるのでしょうか？　ジュンの衣服については，保育者として園に保管してある衣服を貸したり，洗濯をしたりすることもできます。また，アミのおむつかぶれについても，担当保育士が丁寧なケアを行うことで軽減することもできます。しかし，担任として，園として，どこまで手をかけるべきか悩むこともあるでしょう。園でどこまで手をかけるのか，園内および連携する専門家や専門機関と役割分担についても，協議するとよいでしょう。連携には，それぞれの専門家がそれぞれの立場からの役割を担っています。しかし，それぞれがそれぞれの援助を理解しておくということも，円滑な連携には必要なことです。ジュンやアミが園でどのように過ごしているか，十分理解することは，連携する専門家や専門機関が援助する際にも，重要なことです。友達，保育者とのかかわりの中で，気になる点は，援助するうえで重要な情報源となります。そこに，他の専門家や専門機関との共通認識を持つことの意義があるといえるでしょう。
　年長児にもなると，他児はジュンが衛生的ではないことを気づいたり，ジュンに対して不思議に思ったことを本人に向かって言葉にしたりします。時には，他児は直接的な言葉を投げかけてしまうこともあるでしょう。ジュンの気持ちを考えると，他児にどのように理解させていくかも，保育者の支援における難しい課題であるといえるでしょう。また，保育者のあり方が問われる場面であるといえます。保育者が自分を理解し守ってくれるといった安心できる存在であることは，ジュンにとって大きな支えになります。何よりジュンが人に対しての信頼感を損ねないように配慮する必要があります。

次に、④のジュンの母親に対する今後の対応について考えてみましょう。
 ネグレクトの疑いがある場合、特に母親に対しての配慮が重要となります。母親の現状として、父親が無職ということで、生活を母親が一人で担っており、ジュンの衣服やアミのおむつかぶれからわかることとして、育児に対しても、余裕がないことが考えられます。
 言動や行動には、そこに至った背景があります。母親の行動や言動にも、背景があります。この背景に目を向け、理解することで、必然的にかける言葉も配慮、援助の仕方も違ってくるのです。保育者としては、ジュンとアミの子育てに関して、母親とともに健やかな成長を願い、ともに喜びを分かち合う存在でありたいものです。しかし、ときに保育者の言葉が負担になり、追いつめられてしまう可能性があります。母親を追いつめてしまうことは、母親自身はもちろん子どもに対しても良い影響を与えるとは考えにくいため、十分な信頼関係形成のもと、母親の気持ちを受容したうえで支援を慎重に行うことが重要となります。こうした配慮を重ねても、母親は責められていると感じることがあるかもしれません。子どもや親の心を閉ざしてしまうことがないよう、十分な配慮が重要となります。

エピソード5　とっさに頭をかばうエリ

 とても天気の良いある日、2歳女児のエリは保育士や友だちと園庭を走り回って遊んだ後、砂場で遊び始めました。子どもたちと話しながら保育士が走り回ったため乱れた髪を直そうと頭に手を挙げたところ、突然エリが顔や頭をかばい身構え、「ごめんなさい。ごめんなさい」といい続けました。また、それまで楽しそうに遊んでいたのに、母親がお迎えに来た途端、エリは顔が強張り何も話さなくなってしまいます。それとは対照的に姉の5歳女児のユリは、母親がお迎えに来ると母親に駆け寄って喜びます。

＜家族環境＞
　2年前に両親が離婚。

母親：30歳　現在派遣社員として会社に勤務しているが正社員を目指
　　　　している。
姉：5歳児

　このエピソードでは，エリの行動とその背景について考えてみましょう。
① ジェノグラムを作成してみましょう。
② ジェノグラム（家族環境）からどんなことが考えられますか？
③ エリの気持ちと今後の援助について考えてみましょう。
④ エリの母親の気持ちと今後の援助について考えてみましょう。
⑤ このエピソードで連携する専門諸機関はどこでしょうか？
⑥ このエピソードについて，あなたが感じたことを述べてください。

　ひとつの考え方として，エリの気持ちや今後の援助，母親の気持ちについて筆者の考えを述べておきます。これは，あくまでもひとつの考え方ですので，まず，ご自身の考えをまとめておくことが大切です。
　エリの気持ちとしては，保育士と楽しく遊べ，笑顔を見せるのであれば，大人への信頼感は損なわれていないと考えられます。ただ，顔や頭をかばい身構え，「ごめんなさい。ごめんなさい」といい続けるということに関しては，家庭内で母親に手をあげられている可能性があると考えられます。また，それまで楽しそうに遊んでいたのに，母親がお迎えに来た途端，エリは顔が強張り何も話さなくなってしまうことからは，エリにとって母親は十分な安全基地ではないとも考えられます。一方，姉のユリは，母親がお迎えに来ると母親に駆け寄って喜ぶということからは，母親は，ユリとエリでは異なるかかわり方をしている可能性があると考えられます。エリへの今後の援助については，このまま担当保育士との信頼関係を大切にし，エリが安心して過ごせ，気持ちを話せるように寄り添ったかかわりといった支援を心がけましょう。
　エリの母親の気持ちについてですが，母親は2年前に離婚しています。2年前ということはエリが生まれてすぐにという時期です。母親の中では，エリイ

コール離婚と結びついてしまい，エリをみていると離婚の辛さが蘇るのかもしれません。逆に姉のユリの存在は辛かった時期の母親を支えていたのかもしれません。母親がとても傷ついている状態にあることが理解できます。エリに手をあげてしまう母親にも，背景があるのです。

　また，母親は現在派遣社員として会社に勤務しているが正社員を目指していることから2人の子育てと仕事との両立をしています。祖父母の存在が見えないことから，頼れる存在もなく一人ですべてを抱え込んでいると考えられます。エリの想いを考えるほどの余裕がないのかもしれません。

　母親への今後の援助については，（2）虐待における援助のポイントを参考にして考えてみましょう。

―――――― 引用文献 ――――――

1) 文部科学省　特別支援教育について　1. はじめに　http://www.mext.go.jp/a_menu/shotou/tokubetu/001.htm
2) 小西行郎『発達障害の子どもを理解する』集英社，2011年，79頁。
3) 小西行郎『発達障害の子どもを理解する』集英社，2011年，35-36頁。
4) 文部科学省　発達障害の法令上の定義　http://www.mext.go.jp/a_menu/shotou/tokubetu/main/002/001.htm
5) 文部科学省　特別支援教育について　主な発達障害の定義について　http://www.mext.go.jp/a_menu/shotou/tokubetu/hattatu.htm
6) 小西行郎『発達障害の子どもを理解する』集英社，2011年，90-91頁。
7) 小西行郎『発達障害の子どもを理解する』集英社，2011年，80頁。
8) 平山宗宏，子ども虐待防止の手引き編集委員会『子ども虐待防止の手引き』　http://www.pure.ne.jp/~jinken/keihatsu15.htm　社会福祉法人恩賜財団母子愛育会日本子ども家庭総合研究所，1997年。
9) 平山宗宏，子ども虐待防止の手引き編集委員会『子ども虐待防止の手引き』　http://www.pure.ne.jp/~jinken/keihatsu15.htm　社会福祉法人恩賜財団母子愛育会日本子ども家庭総合研究所，1997年。
10) 平山宗宏，子ども虐待防止の手引き編集委員会『子ども虐待防止の手引き』　http://www.pure.ne.jp/~jinken/keihatsu15.htm　社会福祉法人恩賜財団母子愛育会日本子ども家庭総合研究所，1997年。
11) 平山宗宏，子ども虐待防止の手引き編集委員会『子ども虐待防止の手引き』　http://

www.pure.ne.jp/~jinken/keihatsu15.htm　社会福祉法人恩賜財団母子愛育会日本子ども家庭総合研究所，1997年．
12) 平山宗宏，子ども虐待防止の手引き編集委員会『子ども虐待防止の手引き』 http://www.pure.ne.jp/~jinken/keihatsu15.htm　社会福祉法人恩賜財団母子愛育会日本子ども家庭総合研究所，1997年．
13) 公益財団法人日本学校保健会『養護教諭のための児童虐待対応の手引き（平成21年出版）』日本学校保健会図書，2009年，22頁．
14) 公益財団法人日本学校保健会『養護教諭のための児童虐待対応の手引き（平成21年出版）』日本学校保健会図書，2009年，23頁．
15) 平山宗宏，子ども虐待防止の手引き編集委員会『子ども虐待防止の手引き』 http://www.pure.ne.jp/~jinken/keihatsu15.htm　社会福祉法人恩賜財団母子愛育会日本子ども家庭総合研究所，1997年．
16) 平山宗宏，子ども虐待防止の手引き編集委員会『子ども虐待防止の手引き』 http://www.pure.ne.jp/~jinken/keihatsu15.htm　社会福祉法人恩賜財団母子愛育会日本子ども家庭総合研究所，1997年．

・・・・・・・・・・・・・・・・・・・・参考文献・・・・・・・・・・・・・・・・・・・・

小田　豊・秋田喜代美編著『子どもの理解と保育・教育相談』みらい，2008年．
福丸由佳・安藤智子・無藤　隆編著『保育相談支援』北大路書房，2011年．
前田敏雄監修，佐藤伸隆・中西遍彦編集『演習・保育と相談援助』みらい，2011年．

索　引

ア

愛着…………………………………… 181
アクティブ・リスニング…………… 174
アスペルガー症候群………… 192, 193
誤った信念課題……… 89〜91, 94, 96
アリエス……………………………… 22
安心感………………………………… 13
イストミナ…………… 53, 54, 57, 97
いたずら…………………… 98, 106, 107
イメージ……………………………… 111
ヴィゴツキー………… 46, 55, 56, 58
うそ………… 10, 12, 66〜68, 94, 102
内なる世界……… 86, 89, 99, 101, 107,
　　　　　　　　　　　113, 118〜120
援助……………… 33, 145, 170, 206, 209
　　　──モデル…………………… 33
園庭開放……………………………… 158
おとなの視点…………………… 105, 106

カ

概念体系………………………… 20, 21
カウンセラー……………………… 175
カウンセリング技法……………… 176
カウンセリングのスキル………… 174
関わる…………………………… 69, 70
書く…………………………………… 72
学習障害…………………… 192, 193
語りあう………………………… 75, 77

価値体系………………………… 21, 28
家庭調査票………………………… 178
家庭訪問…………………………… 178
感覚運動期………………………… 50
関係……………………………… 75, 77
関係論的…………………………… 82
　　　──発達論………………… 59
観察…… 47〜49, 52, 73, 87, 92, 150,
　　　　157, 165, 166, 171, 173, 179
感情の発達………………………… 86
感情分化説………………………… 86
聴き入ること……………………… 34
聞く………………………………… 119
虐待………… 188, 194, 196, 198, 209
教育相談…………………………… 146
共感……………… 12, 93〜95, 99,
　　　　　　　　124, 138, 175, 179
　　　──的心の理論………… 93, 95
　　　──的理解………………… 175
協議………………………………… 145
共振………………………………… 101
共通理解…………………………… 149
協働………… 144, 149, 151, 152, 164
強迫神経症………………………… 162
記録…… 73, 74, 78〜81, 133, 135, 179
経過観察…………………………… 155
好奇心……………………… 19, 20, 107
高機能自閉症……………………… 193
高次精神機能………………… 56〜58

個からとらえる発達………………… 46
五感………………………… 119, 120
心の中の活動……………… 87, 95, 96
心の目……………………………… 113
心の理論………………… 88, 91〜94
心もち……………………… 138, 139
個人面談…………………………… 178
子育て……………………… 144, 176
　──観………………… 145, 165, 179
子育て支援………………………… 158
　──センター……………………… 152
子ども観…… 17〜21, 24, 30, 33, 34, 82
子ども時代………………………… 4, 24
子ども像…………………………… 31
子どもの視線………………… 71, 92
子どもの視点………………… 105, 107
子どもの表現……………………… 105
子ども発達支援センター………… 152
子ども理解……… 5, 6, 8, 11, 12, 15,
　　　　　82, 107, 133, 138, 156

サ

材料モデル………………………… 32
三人称的アプローチ…………… 118, 119
三人称的理解…………………… 118, 119
飼育モデル………………………… 32
ジェノグラム…… 172, 173, 201, 203, 204
シェマ………………………… 49, 50
支援…… 144, 145, 149, 150, 152, 154,
　　　157, 159, 164, 166, 170,
　　　174, 188, 198〜200, 206
自己中心性………………………… 47
支持………………………………… 176
視線………………………………… 93
実践者……………………………… 73
児童………………………………… 4

　──観………………………… 18, 21
　──相談所……………………… 153
指導報告書……………………… 156
自閉症…………………… 192, 193
社会的関係……………………… 57
集団生活…………… 125, 126, 177
受容……………………… 161, 175
巡回相談………………… 151, 155
小1プロブレム………………… 157
情報交換シート………………… 157
植物モデル…………………… 31, 32
身体的虐待……………………… 195
心的過程………………………… 86
信念体系…………………… 21, 28
信頼……………………… 147, 148
　──感………………… 145, 206
心理的虐待……………………… 195
成育モデル……………………… 31
生活……………………… 70, 136
　──文脈……… 14, 96, 107, 132
制作モデル……………………… 30
省察………… 72, 119, 133, 136, 138
生産モデル……………………… 32
精神間機能……………………… 58
精神内機能……………………… 58
性的虐待………………………… 195
前操作期………………………… 51
想像……………………… 105, 111
相談……………… 146, 148, 149,
　　　　158, 173, 174, 199
育ち……………………… 45, 46
育ちあう心……………………… 125

タ

対象の永続性…………………… 47
対人関係………………………… 171

索　引●213

多動性障害……………………………… 193
知能検査………………………… 81, 82
注意欠陥………………………………… 193
　　　——多動性障害…………………… 192
調節……………………………… 49, 50
通級教室………………… 151, 156, 157
つぶやき………………………………… 98
つもり………………………… 97, 99〜102
同化……………………………………… 49
道具的心の理論………………… 93, 94
動物モデル……………………… 32, 33
ドキュメンテーション…… 35, 78〜80
特別支援学級…………………………… 192
特別支援学校…………………………… 192
特別支援教育………………… 144, 145

ナ

内緒………………………… 102〜105
二人称的アプローチ………… 118, 119
二人称的理解………………… 118, 119
乳児期…………………………………… 152
乳児の死亡率…………………………… 25
乳幼児…………………… 4, 154, 158
人間関係………………………………… 150
人間モデル……………………………… 33
人間理解………………………………… 138
認知カテゴリー………………… 20, 21
ネグレクト…………………… 188, 195
粘土モデル……………………… 30, 32

ハ

配慮…………………………… 164, 170
発達…… 39〜41, 43, 45, 46, 49, 53,
　　55, 58, 75, 81, 82, 165, 186, 200
　　　——課題…………………………… 42
　　　——観………………… 41, 58, 82
　　　——検査………………… 81, 82
　　　——支援センター………………… 162
　　　——障害者支援法………………… 192
　　　——相談…………………………… 155
　　　——段階…………………………… 181
　　　——の遅れ………………………… 166
　　　——の課題……………… 42, 170
　　　——の過程……………… 43, 46
　　　——の最近接領域………………… 58
　　　——のメカニズム………………… 48
　　　——の理論………………………… 46
　　　——論………………… 46, 59
ピアジェ……………… 46〜49, 51〜53
微笑反応………………………………… 87
ビデオカメラ…………………………… 81
ビデオ記録…………………… 80, 81
秘密………………… 102〜105, 113
不注意多動行動………………………… 203
ふり……………………………………… 89
ふりかえる……………………………… 72
ブリッジェス…………………………… 86
ブルーナー……………………………… 46
文化………………… 26, 27, 29, 30
文脈…………………………… 132, 133
保育観…………………………………… 145
保育所保育指針… 39, 42, 43, 45, 158, 167
保育相談………………………………… 146
訪問相談………………………………… 157
保健所…………………………………… 154
保存……………………………………… 47
　　　——課題…………………………… 55
　　　——の概念……………………… 51

マ

待つ……………………………………… 11
まなざし………………………………… 14

三つ山課題……………………… 51	幼保小連携……………………… 157
見守る…………………………… 28	善さ……………………………… 33
見る……………… 64〜66, 68〜71, 73, 76, 118〜120, 133	

ラ

村井実…………………………… 30	ルソー…………………………… 31
物語………………………… 78, 79	レッジョ・エミリア………… 34, 35, 79
ものがたること………………… 78	連携……… 149〜152, 156, 164, 206
物の永続性……………………… 50	連絡帳………………… 173, 178〜180
	ロジャーズ……………………… 175

ヤ

ワ

幼稚園教育要領 …………… 39, 41, 43, 45, 158, 166	ワトソン………………………… 30

《編著者紹介》

福﨑淳子（ふくざき・じゅんこ）　担当：第1章，第5章，第6章
日本女子大学大学院児童学専攻修了　大妻女子大学にて博士（学術）取得。
現　在　東京未来大学こども心理学部教授。

主要著書
『保育内容「言葉」』（共著）ミネルヴァ書房，2010年。
『保育方法の探究』（共著）建帛社，2011年。
『大場幸夫が考えていた保育の原点』（共著）創成社，2012年。
『エピソードから楽しく学ぼう　保育内容総論』（編著）創成社，2013年。

《著者紹介》

岩田恵子（いわた・けいこ）　担当：第2～4章
玉川大学教育学部教授。
博士（学術）

吉田亜矢（よしだ・あや）　担当：第7～9章
東京純心大学現代文化学部専任講師。
博士（保健福祉学）

（検印省略）

| 2015年7月20日　初版発行 | 略称―子ども理解 |

エピソードから楽しく学ぼう
子ども理解と支援

編著者　福﨑淳子
発行者　塚田尚寛

発行所　東京都文京区春日2-13-1　株式会社 創成社

電　話　03（3868）3867　　FAX 03（5802）6802
出版部　03（3868）3857　　FAX 03（5802）6801
http://www.books-sosei.com　振　替　00150-9-191261

定価はカバーに表示してあります。

©2015 Junko Fukuzaki
ISBN978-4-7944-8072-9　C3037
Printed in Japan

組版：ワードトップ　印刷：エーヴィスシステムズ
製本：宮製本所
落丁・乱丁本はお取り替えいたします。

―――――――― 保 育 選 書 ――――――――

福﨑淳子 編著
エピソードから楽しく学ぼう
子ども理解と支援
　　　　　　　　　　　　　　　定価（本体 2,000 円＋税）

福﨑淳子・山本恵子 編著
エピソードから楽しく学ぼう
保育内容総論
　　　　　　　　　　　　　　　定価（本体 2,400 円＋税）

佐木みどり・宮崎清孝 編著
はっけんとぼうけん
―アートと協働する保育の探求―
　　　　　　　　　　　　　　　定価（本体 2,900 円＋税）

百瀬ユカリ・田中君枝 著
保育園・幼稚園・学童保育まで使える
たのしい手あそび 50
　　　　　　　　　　　　　　　定価（本体 1,500 円＋税）

百瀬ユカリ 著
よくわかる幼稚園実習
　　　　　　　　　　　　　　　定価（本体 1,800 円＋税）

百瀬ユカリ 著
よくわかる保育所実習
　　　　　　　　　　　　　　　定価（本体 1,600 円＋税）

百瀬ユカリ 著
実習に役立つ保育技術
　　　　　　　　　　　　　　　定価（本体 1,600 円＋税）

須藤海芳子・大柳珠美 著
からだとこころをつくる
はじめてのたべものずかん
　　　　　　　　　　　　　　　定価（本体 1,400 円＋税）

鈴木美枝子 編著
これだけはおさえたい！
保育者のための「子どもの保健Ⅰ」
　　　　　　　　　　　　　　　定価（本体 2,200 円＋税）

鈴木美枝子 編著
これだけはおさえたい！
保育者のための「子どもの保健Ⅱ」
　　　　　　　　　　　　　　　定価（本体 2,400 円＋税）

――――――――――――――――――― 創 成 社 ―――――